なぜか
金運を呼び込む人の
すごい！お金の法則

PHP研究所［編］

PHP

はじめに

お金があれば、ほしい物を買うことができます。
行きたい所へ行くこともできるし、
三ツ星レストランで食事を堪能《たんのう》したり、
こだわりのインテリアでステキな部屋をつくったり、
起業して理想のライフワークバランスを手に入れることも、
美容にお金をかけて美しくなることもできます。
お金はあなたの夢を叶《かな》えてくれる大きなエネルギーです。

いっぽうで、お金で人間関係が崩れたり、
ラクしてもうけている人をズルいと思ったり、
生活するためにお金が必要だけど仕事がない……、
ときにお金は不幸をもたらす、など、
マイナスイメージをもっている人もいるかもしれません。

こういったマイナスイメージは、お金の正体がわからないがゆえのもの。
人は得体の知れないものに恐怖心を抱きます。
お金って一体何なのでしょう？
お金は人を幸せにも不幸にもする？

そんなあなたは、まず本書を読んで、
もっとお金と仲よくなってみましょう！

「生活できるだけのお金があればいい」
「お金にあんまり興味がない」という人も
ぜひ本書をきっかけに、自分はどれくらいお金が必要なのか、
考えてみてはいかがでしょうか？
じつは、「お金はそれなりにあればいい」と思っている人は、
「それなり」の現実をすでに引き寄せているのです。
でも、あなたは本当に今の生活に満足していますか？

この本には、さまざまな分野のプロフェッショナルによる、
「お金がどんどん回り出すアドバイス」がたくさん詰まっています。
自分に一番しっくりくる方法を見つけて、ぜひ実践してみてください。

望めば、叶う。
お金に対してプラスイメージをもつことが、
お金と仲よくなる第一歩です。
じゃあ何を望むとうまくいくのか？
それを一緒に考えていきましょう。
ワクワク、ドキドキしながら！

なぜか金運を呼び込む人の すごい！お金の法則

Contents

人生がガラリと変わるお金の「使い方」

専業主婦から経営者になり、
好きな家に住み、
大好きな執筆を仕事にする……。
次々に夢を叶えたワタナベ薫さんが
実践している、人生を変える
「お金の法則」をご紹介します。

Watanabe Kaoru

ワタナベ薫

作家、ブロガー、メンタルコーチ。ふたつの会社を経営する実業家でもある。ブログにて美容、メンタル、成功哲学など、女性がきれいになるためのさまざまな情報を発信している。そのメッセージは、幅広い世代の女性の心をつかみ、ブログは1日6万アクセスを超える。
公式ブログ「美人になる方法」
https://ameblo.jp/wjproducts1/

心がけしだいで お金と相思相愛になれる

あなたはお金が好きだと人に言えますか？本音のところでは、だいたいの人がお金を好きなはずです。ですが、人に言えるかと聞かれれば、ほとんどの人が「それはちょっと」とお答えになることでしょう。

私も言えませんでした。「お金が好きだなんて言うと、いやしい人間だと思われてしまうのでは？」とすら思っていたのです。

そう思っていた若い頃の私は、貧乏でした。1カ月10万円で生活していたこともありますし、結婚してからも夫の収入は15万円ほど。食べたいものも、やりたいことも、すべて価格に左右されていました。

そんな私ですが、「**お金の法則**」がわかったことで、人生が激変しました。今では日本全国はもちろん海外でもセミナーを開くことができますし、会社を経営し、好きな家に住んでいます。

お金の法則といっても、そんなに難しいものではありません。ポイントは、**お金に対してどんな認識をもっているのか**、ということ。そう、冒頭でお聞きした「**お金が好きか」ということが重要**なのです。

お金に困っている人は、以前の私のようにお金に対してよくないイメージをもっていて、無意識にお金を拒絶していることがあります。

幼い頃から、「人前でお金の話をするなんてはしたない」「お金があるから犯罪に巻き込まれる」「お金がなくても幸せになれる」など、ネガティブな言葉を繰り返し聞かされてきたことが潜在《せんざい》意識《いしき》に染み付いているのです。

それが「**お金に対するメンタルブロック**」となって、お金が入ってくるのを妨げてしまっている。このメンタルブロックを外すことが、とても大切です。

お金を愛する。それがお金を引き寄せる一番の方法です。といっても、拝金主義《はいきんしゅぎ》になれというわけではありません。お金で得ることのできる、自分や周囲の幸せを心から望む。それがお金を愛するということです。

とはいえ、いきなりは難しいと思います。そこで今回は、お金を愛し、お金に愛されるためのテクニックのようなものを、いくつかご紹介したいと思います。

執着せずにお金を回すのが お金の法則の基本

まずは豊かさを得るための基本からご説明したいと思います。重要なのは、**お金に執《しゅう》着《ちゃく》しすぎない**ということです。

たとえば、多くの時間をかけて10円、20円安い商品を探す。やった、安く買えた！とうれしくなるかもしれませんが、これは「自分は豊かではない」という**セルフイメージ**を潜在意識に刷り込むことになってしまいます。

引き寄せの法則というと、何かいいものを引き寄せてくれるように感じるかもしれませんが、じつは**ネガティブな要素も引き寄せてしまう**のです。豊かではないセルフイメージが刷り込まれると、そういう現実を引き寄せてしまうことになります。

それに、お金に執着しすぎると、お金の流れを止めることにもなります。**「お金を得たいなら、お金を回しなさい」**という言葉を聞いたことがありませんか？

お金はもっているとか、もっていないということよりも、**どれだけ自分のところを流れていったか**がポイント。たとえ今はお金がなくても、回していれば、必要なときに必要なだけ、天がお金を回してくれるものなのです。

それに、**〝出す〟と〝入る〟**のは自然の摂《せっ》理《り》でもあります。息を吸い込むときも、先に息を吐き出したほうが、たくさん吸い込めますよね？

とくに**他人のために使ったお金は、何倍にもなって返ってきます。**

たとえば募金や寄付など、あなたが送り出したお金は、誰かの喜びのために使われ、快く送り出してくれたあなたのもとに返ってくることになりますよ。

ただ、浪費にはご注意ください。たとえば後になって「あ〜あ、買っちゃった」と思うような使い方をしていませんか？　**お金に負の感情を乗せると、お金がやってくるのを遮《さえぎ》る**ことになってしまいます。

メンタルブロックを外し、お金を本当に好きになる

「人さまの前でお金の話などするものではありません」と言われて育った方も多いかもしれません。私自身そうです。ですが、これこそが根深いお金のメンタルブロックをつくる原因になっています。

たとえば、大好きな誰かのことを思い浮かべてみてください。その人のことをずっと考えていたい、誰かに話したい、そう思うのは自然ですよね？　そして、あなたから愛されていると知ったその人は、もっとあなたを愛してくれる。そういうものじゃないですか？

お金も同じです。**お金の話をするのに抵抗があるということは、心の底からお金を愛していない**ということ。当然、お金だって応えてくれません。

ただ、自分がどんなお金への思い込みをもっているのかはなかなか気づきにくいもの。それを知るためのツールがあるので、試してみてください。

「私にとってお金とは……である」「お金は……なもの」「お金持ちは……である」「私が

お金は出すと入ってくる
これは自然の摂理です

Empower Your Life

◆天職に気づくためのマトリックス

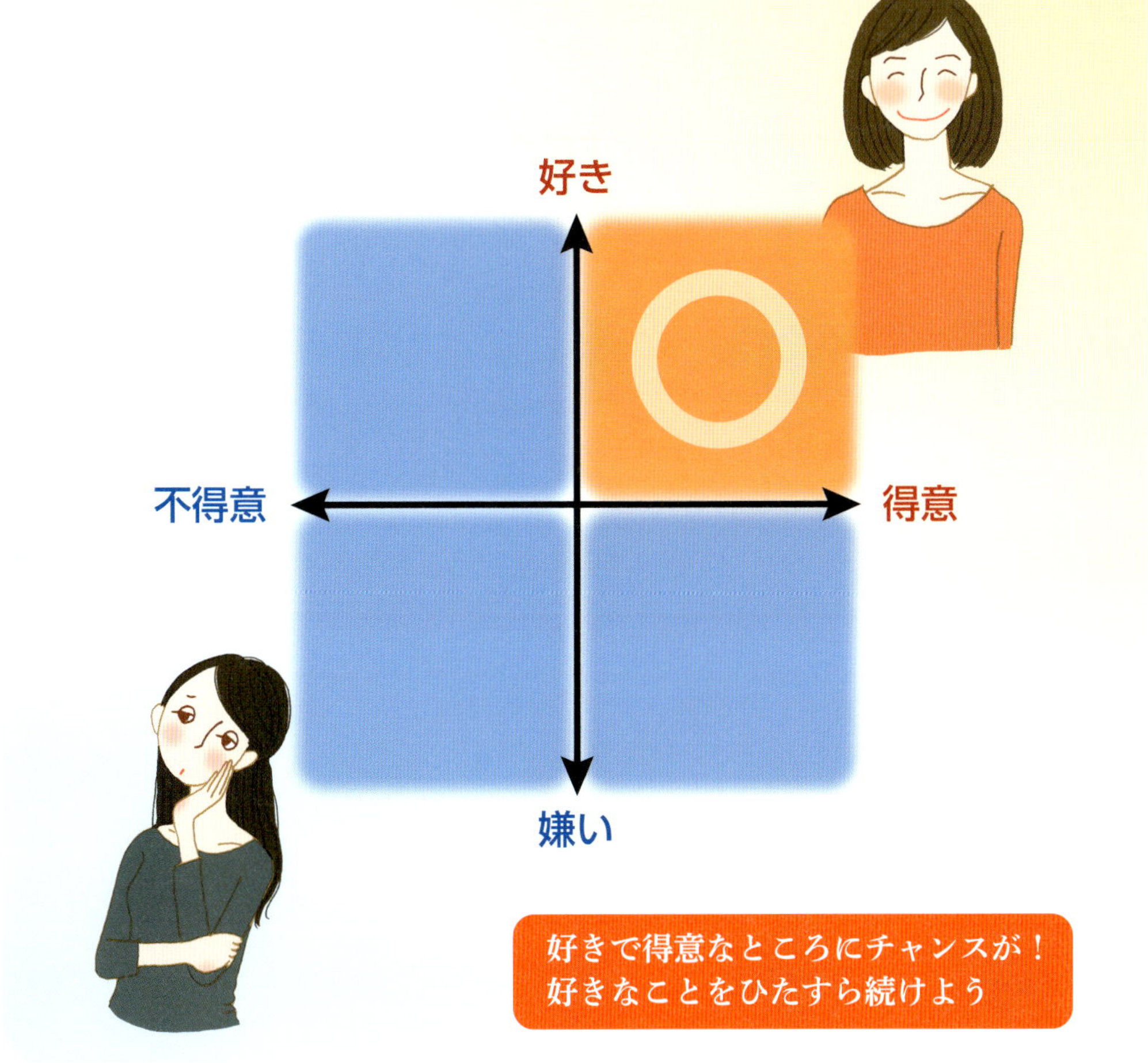

お金をたくさんもつと……」。

……に入る言葉を、それぞれ思いつく限り書き出してみましょう。もし**マイナスの言葉が多いのであれば、それをプラスに変えていきたい**ところです。

次に、その方法をいくつかご紹介しましょう。

外側を変えることで、セルフイメージを変える

飛行機恐怖症など、恐怖症の克服《こくふく》に大胆な手法があります。バーチャルな映像で何度もフライトを体験させるというものです。

お金についても、似たことができます。自分が**行きたいと思うステージに何度も身を置くことで、それを当たり前にしてしまう**のです。

たとえば、高級ホテルのラウンジでコーヒーを飲むこと。最初はファミレスでランチを食べるよりも高いコーヒーに震えるかもしれません。でも、繰り返しているうちに、そこは居心地のいい空間になっていくはずです。

自分がその場所でコーヒーを飲むのにふさわしい人間だと、当然のように思えてくるわけです。つまり、セルフイメージが変わった

のです。

このように、**お金持ちのセルフイメージは外側からでもつくることができます**。もっと手軽なところでは、財布に入れるお金の金額を数倍に増やすというのもひとつの方法でしょう。

いつも3万円だったところを10万円にするとか。ドキドキしますよね？　その状態に慣れるのです。

クローゼットの奥に仕舞い込んでいる特別な一着のような**上質なものを、普段から身につける**というのもいいですね。そうするとまわりから、「それ高そう！」と言われるかもしれません。このときに、「そんなことなくて、じつは超安かったの」など、安さ自慢をしたくなる人もいるかもしれませんが、ここではぐっと我慢です。

あまりお金がなくても、周りから豊かに見られたらそれを受け入れる。**貧乏自慢や安さ自慢は一切やめる**のです。

この習慣を取り入れたことで、私の金運は大きく変わっていきました。マインドが変われば、結果が変わるのです。

Discover How to Improve Your Life

貧乏自慢や安さ自慢は一切やめる そう、一切やめるのです！

流れが悪くなったとき、まずは部屋の掃除から

それでもどうしても金運が悪くなるときがあります。**お金はエネルギーですから、流れが悪くなることは誰にでも起こる**のです。

そんなとき、エネルギーの流れをよくするとても簡単な方法があります。それが「掃除」です。

部屋が乱雑になるとムダな動きが増えますよね？　エネルギーも同じで、**ものが少なくてスッキリしている部屋は、それだけでエネルギーの流れがよくなる**もの。

それに、部屋を片づけることで思考が整理され、目標達成のスピードが上がります。**部屋には心の状態が表れる**と言われますが、これは本当。メンタルや思考は表面化するものなのです。

部屋を片づけても変わらないのであれば、もしかしたら自分のもつエネルギー以上のものを望んでいるのかもしれません。**お金は自分のもつエネルギーの分しか入ってきません。**

たとえば、今いる会社に不満があって、思い切って会社を辞めたとします。しかし、あ

なたが十分なエネルギーを発していなければ、結局稼げなくなってしまいます。仕事だけ変えて**一攫千金《いっかくせんきん》を狙っても、エネルギー以上のお金は入ってこない**のです。

金運は、形でいえばピラミッドのようなもの。少しずつステージを上がっていかないと、結局崩れてしまいます。

宝くじが当たって急にお金持ちになった人の大多数が、あっという間にお金を失ってしまうという統計が出ています。セルフイメージが伴っていなければ、バランスを崩してしまうということなのでしょう。

「心地いい」を選ぶことが、最終的にお金を引き寄せる

今は、主婦であっても、アイディアさえあればお金を稼げる時代です。しかも、インターネットがありますから、場所も時間も関係ありません。

私自身、SNSを使って仕事をしています。今の会社もブログからスタートしたものです。特別なハングリー精神があったわけでもありません。むしろ努力や忍耐は嫌いです（笑）。

ただ**好きなことを徹底して続けてきただ**け。天職はそうやって見つかるもののようです。好きなことなら、続けるのも苦痛ではありませんし、仕事をしているという感覚すらなくなるもの。誰にでも、簡単にお金を生み出す力があるのです。

そして**「つねに心地いい感情をチョイスする」**ということを大事にしてください。よい思考によって自分の周波数が変化し、よい現実を引き寄せるもの。

心地いい環境を選び、心地いいお金の使い方を心がけましょう。つまり、**自分を大切にする**のです。自分を大切にすることは、周囲の人を大切にすることにもつながります。そうしていけば、豊かさは無限大です。

◆ポイント

- **お金により得られる豊かさを望む　それが本当にお金を愛すること**
- **お金持ちのような環境に身を置き　セルフイメージを変えてしまう**
- **自分と周囲の幸せを心から望む　それが無限大の豊かさにつながる**

なぜかお金を引き寄せる女性39のルール

著者：ワタナベ薫

出版社：大和書房（だいわ文庫）／定価：680円（税別）

「お金の法則」を知ることで人生が激変し、ふつうの主婦から人気ブロガー、実業家、累計80万部以上の著作をもつ作家になった著者が、お金を引き寄せる方法のすべてを語る。お金の思い込みに気づかせてくれるメッセージ満載の1冊。

才能をお金にかえてワクワクした人生を！

同じ人生を生きるなら、大好きなことをやって、本当に意味のある時間を過ごしたくありませんか？
自分の才能を見つけ、それをどうやってお金にかえていくのか、本田健さんが実践してきたコツを、数々の名言とともにご紹介します！

身近な才能を見つけてライフワークを生きる

あなたは自分にどんな才能があるのか、気づいているでしょうか？　もしかしたら、「よくわからない」「そもそも自分に才能なんてあるの？」と言う人のほうが、多いかもしれません。

じつは、才能とは、不思議な形であなたの目の前に姿を現します。これまでの人生を通じて、ずっとそこにあったことに気づくかもしれません。**才能は、あまりにも当たり前すぎて、普段は見過ごしてしまっていたりする**のです。

たとえば私の場合は、文章を書くこと、人前で話すこと、才能を見つけてあげることなどは、日常になっているので、それが自分の才能だということを、考えたこともありませんでした。

でも、実際に、本を毎月書けと言われたり、２０００人の人の前で講演するように言われたら、それだけで気を失いそうになる人も多いはずです。朝から晩まで料理をつくれとか、氷点下の屋外で工事をやれとか言われたら、懲罰のように感じる人もいるのではないでしょうか。ただ、**ある人には、とんでもなくいやなことが、別の人には、至上の喜びだったりする**のが、おもしろいところですね。

ライフワークを生きている人は、なんともいえない心の平安とワクワクを一緒にした幸せのなかで生活しています。同じ人生を生きるのなら、本当に意味のある時間を過ごしたくありませんか？

ここでは、才能の見つけ方、そしてそれをどうやってお金にかえていくのかについて見ていきますが、あなたの将来のイメージも、ちらっと見えてくるはずです。

今から、きっと、あなたのワクワクするような人生が始まることでしょう。

仕事で、ガッツポーズを取る

あなたは、どれだけ好きなことをやっていますか？

・毎日が楽しくて仕方がない。
・まあまあ好きなことをやっている。
・今やっていることは好きでも嫌いでもない。
・できれば、今やっていることを辞めたい。
・すぐでも辞めたい。死にそう。

たいてい、このどれかに当てはまると思います。

Honda Ken

本田 健

神戸生まれ。経営コンサルタントを経て、現在は「お金と幸せ」をテーマにした講演会を開催。インターネットラジオ「本田健の人生相談 〜Dear Ken〜」は3,000万ダウンロードを記録。代表作に『ユダヤ人大富豪の教え』など、著作は130冊以上、累計発行部数は700万部を突破。

本田健公式HP　http://www.aiueoffice.com/

写真は、本田健氏の東京オフィスにて。 撮影:まるやゆういちどの分野にも、成功している人と、ふつうにやっている人と、仕事が成りたたなくて、辞めてしまう人がいます。

たとえば、クリーニング屋さんを例にとってみましょう。天職だと考えている人は、どんなシミも取ってみせるという気概で毎日仕事をしています。なので、全国にいる顧客からダンボールで依頼品が届きます。

そのいっぽうで、町のどこにでもあるようなクリーニング屋さんをやっている人がいます。競争が激しすぎて、お店を維持できない人もいるでしょう。いったい、どこが違うのでしょう？

流行《はや》っているクリーニング屋さんのオーナーは、毎日洋服のシミ抜きに情熱を傾けています。生地の素材に応じて、使う溶剤を少しずつ変えて、スプレーひと吹きでシミを取ってしまいます。自分が想像したとおりに、跡形もなくシミが取れると、ガッツポーズものです。それは、**お金が儲かったからではなく、満足のいく仕事ができたから**です。

あなたは、自分の仕事や家事、勉強でガッツポーズができていますか？　もし、そうでないのなら、仕事の内容か、あなたの関わり方のどちらかが、少し違っているのかもしれません。

今の仕事を辞めて、自分の好きなことをやるか、今やっていることを好きになるかのどちらかです。これからの人生を楽しいことで満たすのか。それとも、やらなければならないことをやっていくのか。それは、あなた自身が選べるのです。

「好きなことをとびきり上手にやることだ。お金はその副産物にすぎない」
——ウォーレン・バフェット（米国の投資家）

大富豪からの手紙

著者：本田 健
出版社：ダイヤモンド社／定価：1,600円（税別）
大富豪の祖父が残したものは、「お金」ではなく「9つの手紙」だった。「手紙」を読んだ主人公は、「人生の秘密」を追い求める旅に出る。やがて主人公は、「手紙」に導かれるように幸せの国・ブータンにたどり着く。感動のストーリーを通して、「人生で一番大切なもの」を学べる一冊。

これまでの自分とは違う自分で勝負する勇気をもつ

私は、かつて、「成功するためには何が必要ですか？」とメンターに聞いたことがありました。そして**「好奇心と勇気」**という答えをもらいました。

好奇心は、自分がワクワクすることを追いかけていったり、創意工夫するために不可欠なものです。

いっぽう、勇気はなんのために必要なのでしょう？

・本当の自分と向き合う。

どうしても、恐れが強くて苦しくなったりしたときは、タイミングを待ってみるのもありです

・自分の安全領域から出る。
・批判されても勝負する。
・失敗しても、また挑戦する。

そうやって考えていくと、勇気が必要なタイミングはたくさんあります。**どれだけ才能があっても、勇気がないと、その才能を活かすことはできません。**

勇気とは、大きな借金を背負って店を出すとか、全財産を投資するといった類《たぐい》の蛮勇《ばんゆう》ではありません。これまでの自分とは違う自分で勝負する勇気です。

今まで、専業主婦として生きてきた人が、改めて社会に出るには、自分の安全領域から出る勇気が必要でしょう。もし、家族や友人たちが常識的な生き方を選択していたなら、そこから出る勇気、ひとりだけ違うことをやる勇気かもしれません。

直面する課題によって、必要な勇気の種類は違いますが、クリエイティブに生きたければ、すべての勇気が必要になるでしょう。

不安になったとき、ここぞというときには、「今、勇気が必要なんだ」と自分に言い聞かせてください。

「意味があったのは才能ではなく、勇気だっ

た」

――ピーター・ドラッカー（オーストリアの経営学者）

本当に好きなことで勝負する

起業する人は、二種類に分けることができます。ひとつは、自分の好きなことをネタにして起業する人。ふたつめは、儲かりそう、市場がありそうだという理由で起業する人です。

どちらにもプラスとマイナスがありますが、最初の動機はともかく、途中からは、本当にやりたいことを、経済的に成り立つ方法でやることです。そうしないと長続きしません。**自分が本当にやりたいこと、かつ市場が求めることで勝負する**といいでしょう。

もちろん、当たりそうなことで先に起業するのもありですが、競争相手も多くなります。そういう分野で、素人《しろうと》が成功することは難しいでしょう。

もし、それがあなたの本当に大好きなことなら、何時間やっても疲れを感じないと思います。クオリティを高めるために必要なことはなんでもやるでしょう。

大好きなことをライフワークにすることは、それ自体がご褒美《ほうび》です。そのことをやれるのが一番の報酬で、遊んでいるような感覚で、毎日を過ごすことができます。あなたが情熱的になれて、大切だと思うことをやってください。

「お金が目当てで会社を始めて、成功させた人は見たことがない。まず必要なのは、世界に自分のアイデアを広めたいという思いなのだ。それを実現するために会社を立ち上げるのだ」

――スティーブ・ジョブズ（アップル創業者）

カギは、ストレスなくお金になっているかです

才能は、挑戦してはじめて姿を現す

多くの人が誤解しているのは、自分には才能がないから、その仕事ができないと考えていることです。

成功している人の駆け出しの頃を見てみると、最初から才能があった人のほうが少数です。どちらかというと、スタート時にはうだつがあがらなかったり、ダメそうな人のほうが、努力して、結果的に成功しているのです。

才能は、そのことを真剣にやりだして、はじめて出てくるものです。あなたが、もし何かをやりたいと思ったら、いったん本気でやってみてください。きっと何かが自分のなかで変化します。

おもしろいのは、才能は、ふつうの生活をしていると、その姿を現さないことです。一生懸命になると、その熱で発芽する種のようなものかもしれません。

花を育てるのとまったく一緒で、しばらく水をやっても、何も反応がないというのがポイントです。そこであきらめてはいけません。数日から一週間たって、はじめて、芽が出ま

す。その時間を短縮しようと思っても難しいものです。

自然の摂理なので、これぱかりは変えることができません。でも、時間がかかることを最初から知っていれば、慌てることがなくなるでしょう。

そして、芽が出なければ、別の分野を探せばいいだけのことです。人生のおもしろいところは、別の分野でしっかり花咲くことがあるということです。最初のとっかかりは何でもいいのです。

「根本的な才能とは、自分に何かができると信じることである」

――ジョン・レノン（イギリスのミュージシャン）

お金が入ってくるシステムをつくる

あなたが会社員、フリーランス、自営業など、どういう立場で仕事をするとしても、**お金が入ってくるしくみをつくれるかどうかで、収入は10倍以上違ってきます。**あなたの働きは適正に評価されて、何度も報酬が払われるようになっているでしょうか？

たとえば、あなたに、人と人をつなげる才能があったとしましょう。この才能のもち主は、ほかの才能よりも、お金にかえるのに技術が必要となります。なぜなら、人を紹介するだけでは、すぐにお金にならないことが多いからです。「ありがとうございました。助かりました」というメールで終わりということも多いのではないでしょうか。

一般的に、人に講演やカウンセリングを頼んで、無料ということはないと考えるのが常識でしょう。けれども、人を紹介してもらっても、お金を払わなければいけないという感覚はあまり生まれないのです。

ですから、人と人をつなぐ才能をもつ人の場合、自分でシステムをつくる必要があります。たとえば、人材派遣ビジネスのように、紹介することでキャッシュを生むことは可能です。また、サロンのようなものを経営して、会員制のクラブにすることも可能でしょう。

そうやって、**クリエイティブに自分の才能をお金にかえる方法を考えてみましょう。**きっと答えが見つかるはずです。

「金のしくみについて知っているのと知らないのとでは、ぜんぜん違う」

――清田《きよた》 瞭《あきら》（大和証券グループ本社名誉会長）

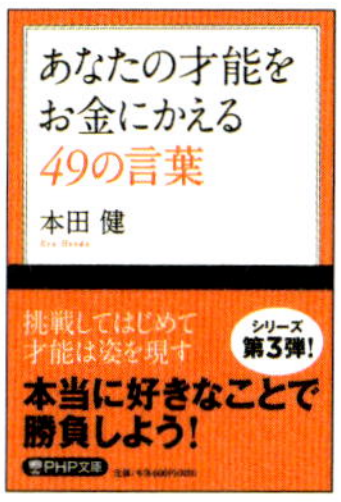

あなたの才能をお金にかえる 49の言葉

著者：本田 健

出版社：PHP 研究所（PHP 文庫）／定価：600円（税別）

大好きなことをやって、本当に意味のある時間を過ごす方法を49の言葉から読み解く。才能を見つけ、磨き、社会とわかち合うために、筆者が実践してきた数々のノウハウを古今の名言とともに解説した書き下ろし。自分も周りも幸せにする生き方バイブル。

「お金持ち」になろう
一生お金に困らない習慣

不思議とお金が入ってくる人が知っている「お金」とのつき合い方、習慣があります。そうした人から「お金の川」の流れを学び、お金のメンタルブロックを外す、「金運の引き寄せ方」をあなたにお教えします。

20歳までに約15万回 お金を否定する言葉を聞く

私は、この世には**「お金の川」**が流れていると思っています。それは、一生懸命がんばらなくても、川の流れを理解し、その力を素直に信じるだけでお金持ちになれる川。「そんなもの、あるわけない」と思われるかもしれませんが、これはかつて私が雑誌・書籍の編集者として実際に多くの「幸せなお金持ち」を取材してわかったことです。

しかし、「幸せなお金持ち」になりたいと願っても、多くの人は心のなかで「期待しても、お金持ちになんてなれるわけがない……」とあきらめています。この、お金に対してネガティブな気持ち、腰がひけている思いを**「お金のメンタルブロック」**と呼びます。

これは、幼い頃から、「お金は汚いもの」「お金が一番ではない」など、お金についてネガティブなことを言われ続けているうちに固まってしまったもの。じつは人は20歳になるまでに、約15万回ものお金に対する否定的な言葉を聞くと言われています。これによって、無意識のうちにお金がたくさん入ってくるという状況を避けるようになってしまうのです。

「幸せなお金持ち」になるには、こうして固まってしまったお金に対するメンタルブロックを外す必要があります。そして、お金がたくさん入ってくる状況を受け入れるようにしなくてはなりません。

その最初のステップが、お金の川の流れを理解し、その力を素直に信じること。そして、お金に対する「ネガティブな思い」を手放し、

Tamiya Yoko

田宮陽子

雑誌・書籍の編集者として、1000人以上のさまざまな「成功者」を取材。成功体験や豊かになれたいきさつをインタビューする。その後、実業家でありベストセラー作家としても知られる斎藤一人氏の本の編集協力を経て、エッセイストとして独立。
公式ブログ「晴れになっても雨になっても光あふれる女性でいよう！」
https://ameblo.jp/tsumakiyoko/

撮影：大崎 聡

「お金の川」の流れをよくすることです。そのための具体的な方法をご紹介します。

お金を「払う」ことで邪気を「祓う」

家賃や光熱費、通信費、クレジットカードなど請求書や明細書が届き、支払いが近づくと、「だいじょうぶかな？」と不安な気持ちになりますよね。こうしたネガティブな気持ちは、お金のメンタルブロックを強め、お金の流れを悪くするので、要注意。

また、残高が減ってくると「なんとかしなきゃ！」と焦《あせ》る気持ちになりがち。でも、そんなふうに、支払いに対する焦りを感じていると、トゲトゲしたエネルギーが出てしまいます。

じつは、お金さんはこのトゲトゲが大の苦手。**トゲトゲしたエネルギーを出している人は、お金さんから避けられる**ようになり、金運が下がってしまいます。お金さんは、焦りのない、ゆったりとした波動をもつ人を好むのです。

また、「払う」こと自体はネガティブな行為ではありません。そもそも「払う」とは、神社で行なわれる「お祓《はら》い」の「祓う」に通じる役目があるのです。つまり、お金を「払う」ことで、邪気を「祓い」、金運を引き寄せることができるというわけです。

私の場合、支払いのお知らせが来たら、できるだけ早く支払うようにしています。そうすることで、邪気を祓うことができるうえに、不安や焦りがなくなり、ゆったりとした気分に。トゲトゲもなくなって、お金の川の流れもよくなっていきます。

また、払った後の控えを、くしゃくしゃにしてゴミ箱に捨てていませんか？　私はこれらをファイルに入れて大切に保存しています。

そして、「こんなに払って損している！」と嘆くのではなく、**「こんなに払えるワタシはすごい人！」と誉《ほ》める**ようにしています。こうして自分を肯定的にとらえることで、お金のメンタルブロックが外れていくのです。

貯金通帳に1億円！
イメージで豊かな波動が

お金の流れをよくするための、身近なアイテムがあります。それは貯金通帳です。

支払いや急な出費の後は、不安や焦りなどネガティブな気持ちになりがちです。そんなときは、貯金通帳を取り出し、実際には大金が入っていなくても「支払いを終えても、貯金通帳には1億円の貯金があるから安心！」というイメージを、何度も何度もかみしめるのです。すると、徐々に心に余裕や軽さが生まれ、金運を引き寄せるようになるから不思議です。

かつて、幸せなお金持ちの方々を取材していたときのこと、**貯金通帳をいつももち歩いているという方がいらっしゃいました**。そして、ひまさえあれば、貯金通帳を眺めるというのです。

さらに、銀行のＡＴＭに飛び込んでは通帳記入を行ない、マシンから聞こえてくる「ジーッ、ジーッ」という音を味わうのだとか。その音を聞いていると「宇宙銀行で、私のための〝お金の川〟が、太く、大きくなる基礎工事が行なわれている♪」というシーンが浮かぶそうです。すると「やる気がでてきて、より豊かになれる」というのです。

私も貯金通帳をお金を引き寄せる金運アイテムとして大事に扱うようにしています。できるだけ、バッグに入れてもち歩くようにし、

トゲトゲしたエネルギーは
お金さんに嫌われてしまう

Empower Your Life

こまめに銀行やATMで通帳記入しています。
その際に気をつけているのは、**絶対に通帳が折れ曲がらないようにする**ことです。貯金通帳はお財布と同じように、お金さんが安らいで暮らすお家なので、丁寧《ていねい》に扱うことが大切です。
最近は通帳を入れるケースや専用のポーチも売っています。お金さんと通帳が安心できて、喜んでもらえるような環境を整えてください。

落ちている「1円玉」を助けると、1万円札がくる

大切にしなくてはならないのは、大きなお金だけではありません。たとえば駅の切符売場や自動販売機の周辺などに「1円玉」が落ちていたとします。「小銭を拾うのは、ガツガツしているみたいで恥ずかしい」と放っておく人が大半なのではないでしょうか。

でも、人の靴に踏まれてしまっている1円玉を見ると、「痛い思いをしてかわいそう」と思いませんか？　私は迷わず、拾い上げて助けてあげるようにしています。そして、汚れを拭きとりながら、「大変だったね、もう

大丈夫だよ」と優しく声をかけてあげます。

そうして**1円玉を助けると、「お金のお父さん（1万円札）」が「うちの子を助けてくれてありがとう！」とお礼にやってきます。**

それも、たくさんのお友だち（1万円札）をつれて、私たちのお財布を訪れてくれるようになるのです。

そうした優しい気持ちもお金を引き寄せてくれるようです。どうやら、「ずっとお金が入り続ける」人は**「気持ちが安定していて、安心できる、あったかい波動をつねにもっている」**という共通点があるようです。

お金持ちが好む意外な「金運食」

お金が入り続ける人の共通点は、ほかにもあります。それは**チョコレートが好き**だということです。

なかなか豊かになれない人の多くは、「金《ごん》毒《どく》」という、ウイルスのように人間にとりつき、その人の金運を荒らす、悪い気の影響を受けています。そこで、食後やおやつのタイミングで、チョコレートをちょっと食べることで、金毒を浄化することができるのです。

Discover How to Improve Your Life

お金持ちの人たちは意外に定食がお好き

実際、著名な占い師さんがまとめた統計からも、「成功者や運の強い人はチョコレート好きが多い」という結果が出ています。

だからといって、**チョコの食べすぎ**は禁物。ほんの少し、幸せな気持ちを味わうことで、満足した波動を生み出すことが目的です。それが宇宙に届くことで、あなたのところにお金が集まりやすくなるのです。

また、お金持ちは高級ステーキやマグロの大トロ、フカヒレなどの高級食材の料理を食べているイメージがありませんか？　意外なことに、お金持ちの人たちは、**高価で贅沢なものばかり食べていると金運が下がる**、と考えているようです。

では、成功者や大富豪の人が好む食べ物は何か？　というと、なんと**「サケ定食」**や**「サバの味噌煮とお味噌汁とごはん」**など、定食スタイルのお食事が多いのです。バランスのよい食事は、健康だけでなく金運にもいい影響を与えているというわけです。

「つや」はお金持ちゾーンへの入場許可証

金運という言葉はよく使われますが、わか

なぜか神様が味方する
すごい! 金運の引き寄せ方

著者：田宮陽子
出版社：PHP 研究所／価格：1,000 円（税別）
1 日平均 27 万 PV を誇る著者が、一生お金に困らない 39 の習慣を紹介。「お金の悪口を言わない」「貯金通帳を大事にする」など、誰でも簡単にできて効果も抜群。飾るだけで金運を呼び込む「光の写真」の付録つき。

りやすいえば、お金の「気」を運ぶエネルギーです。私たちも、それに触れることで幸せなお金持ちになることができるのです。そうしたエネルギーは、活気よくにぎわい、繁《はん》盛《じょう》している場所、つまり「お金の川」でさらさらと流れています。

では、どうすれば「お金の川」を探し出せるのでしょうか？　ポイントは光っているところ、「つや」のある場所を探すことです。

繁盛している店は「輝いていてまぶしい！」と感じさせ、ノリにノッている人も、「なんか、輝いてる!?」と感じさせます。

この内側からにじみ出てくる、なめらかで美しい光、**つやのある場所、人が目印**です。そこは生命力があふれ、お金の気を運ぶエネルギーがさらさらと流れています。そうした場所、人が見つかったら、つやとエネルギーをたっぷり感じてください。

また、自分に「つや」を出すことで豊かになることができます。一番簡単な方法は**顔につやを出すこと**です。私は顔にクリームやオイルをこまめに塗り、いつもつやを出すようにしています。

顔だけではなく、髪、靴、爪などもピカっと光るように磨く、あるいはキラキラしたアクセサリーをつけるのもいいですね。お部屋もきれいに掃除して、床やトイレの便器、あるいは水道の蛇口や鏡など、**もとは輝いていたのに、くもっているところを磨きあげてピカピカにする**のもいいでしょう。

顔につやを出し始めると、だいたい一週間以内に、臨時収入が入ってきます。最初はお菓子や果物といった小さいことですが、徐々に収入が増えていきます。

「臨時収入が入ってきた」ということは、お金の神様からの「あなたのやっていること、いいね！」という合図です。その調子で「お金に愛される習慣」を続けていけば、あなたも「豊かで幸せなお金持ち」に自然となってしまうのです。

◆ポイント

- この世には「お金の川」が流れていると理解し、信じる
- 払うことを肯定的にとらえお金のメンタルブロックを外す
- チョコレートや定食、つやを出す、など、お金持ちの共通点をまねる

自分の欲望を知って、運気の変化を乗り切ろう！

未来の幸運を引き寄せるために、今、自分は何をすべきなのか。
欲と運気の働きを知ることで、
すべてが裏目に出る裏期も、
何も恐れずに進むことができるようになります。

Getters Iida

ゲッターズ飯田

赤いマスクとハンチング帽にスーツ姿がトレードマーク。お笑いコンビ「ゲッターズ」解散後、放送作家、タレント、占い師として活動開始。「五星三心占い」を編み出し、紹介でしか占わないというスタンスにもかかわらず芸能・業界人の鑑定人数は５万人を超える。芸能界最強占い師。
公式サイト「ゲッターズ飯田の占い」http://sp.gettersiida.net/

人の運命を左右する五つの欲望、三つの原点

僕の「五星三心《ごせいさんしん》占い」は、独自の研究と鑑定した5万人を超えるデータから生み出されたものです。実体験とデータ分析から、人は**五つの欲望と三つの運気で分類される**ことがわかりました。

五つの欲望とは**「金欲・財欲」「食欲・性欲」「権力支配欲」「創作欲」「自我欲」**。人はこの「五欲」に支配されています。この五欲のうち、どれをもっているかは人によって異なりますが、つねに欲を満たそうと行動しているのです。

たとえば金欲は、お金やものを手に入れたいと思う欲。この金欲に支配されている人は、お金などを手に入れることで幸せだと感じます。ですが、ほかの欲が満たされてもさほどうれしいとは感じません。

私たちの喜怒哀楽はこの五欲と深く結びついているのです。この**五欲によって、その人らしさが決まっている**のです。五欲にコントロールされているといってもいいでしょう。しかもひとりの欲はひとつだけではなくて、多い人では五つ全部もっていたりする。

そして、誰もが、目標を見失って人生に迷うことがありますよね。それも五欲が関係しています。じつは**欲は時期によってくるくる変わっていく**のです。

欲望を変動させる運気の変化には、「天」

「海」「地」の三つの心の動きが影響します。そこに、陰陽がかかわることで六つの星に分類され、さらに「金」と「銀」の対をなし、全部で12の星になります。

・金のイルカ：負けずぎらいのがんばり屋。
・銀のイルカ：会話上手な人気者。
・金のカメレオン：古風で現実的な理屈屋。
・銀のカメレオン：冷静で要領がいい。
・金の時計：人に優しい博愛主義者。
・銀の時計：人の役に立つのが好きな野心家。
・金の鳳凰：芯の強い知性派。
・銀の鳳凰：頑固で意地っぱり。
・金のインディアン：陽気で人懐っこい自由人。
・銀のインディアン：マイペースな不思議人間。
・金の羅針盤：礼儀正しく上品。
・銀の羅針盤：気品高く几帳面。
※鑑定は、http://sp.gettersiida.net/などで受けることができます。自分がどんな欲をもっているのか確認しましょう。

五つの欲望と三つの心の変動を知っていれ

芸能界最強の「五星三心占い」自分の欲を知って金運キャッチ！

ば、心や運気が乱れたときに、それを整えることができます。「五星三心占い」のくわしい占い方などはまた別の機会ということにして、今回はこの整え方、いわば運命の変え方について紹介したいと思います。

実体験でわかった運気の36年周期

よく「占い師は自分を占えない」といわれていますが、僕は、占いの結果を一番体験できるのは自分だと考え、自分を実験台にした統計もとり続けています。僕のデータも含めた膨大《ぼうだい》な鑑定《かんてい》結果を分析し、たどりついたのはひとつの結論。それは、**「人には36年周期の見えない運気の流れがある」**ということです。

僕自身の過去の出来事を振り返ってみてもそうですが、占わせてもらった人たちの失敗やトラウマのタイミングが、みごとに占いの結果と一致していたのです。

ですが、なかには占いではよいことが起こる周期がきているのに、「離婚した」「リストラされた」ということが起こったり、逆に悪いことが起こる周期がきているのに、何も起こらないという人もいました。そして、なぜそのようなことが起こるのかを研究していくと、彼らにはある共通点があったのです。

それは決断のタイミング。運気がいい時期に悪いことが起こった人たちは、結婚や転職などの大切な決断を、運気が悪い時期にしていたのです。

逆に考えれば、**決断などのタイミングに気をつければ、運気が悪いといわれる時期がきても、乗り切っていくことができる**ということです。また、今がその時期だとしても、待機の時期だとわかっていれば、勉強を積んで、決断の時期を待つこともできます。自分で運命をコントロールし、運命をよい流れに変えられるのです。

36年に1～3回くる大きな決断に最適の年

36年に1～3回、人生最高の運命年がやってきます。このタイミングで結婚、引越し、転職、独立など、大きな決断をすれば、地位や名誉《めいよ》、財産、恋愛、あらゆる幸せを手にできる年です。

自分をレベルアップする具体的な目標をしっかり定め、**この年に決断、覚悟を固めれば、見えない運が味方になってさらに後押ししてくれます。**

僕の場合、２０１３年がこの最高の年でし

た。まさにこの年、人気のTV番組「笑っていいとも！」に出演することができ、一気に知名度が上がりました。

最高の年ほどではありませんが、仕事も恋愛も充実し、楽しい時間が増え、夢や希望を叶えられる時期は定期的にめぐってきます。こういった年に始めたことを大切にしていれば、かならずいい流れになります。

また、「人との出会い」にとっても重要な年です。いい運気のときに出会った人は、人生を大きく左右するキーマンです。いい影響を与えてくれる大切な運命の人と認識してよいでしょう。

すべてが裏目に出る裏期も、考え方しだいでチャンス

では悪いことばかりが起こる時期はどうすればいいのでしょうか？　じつは「五星三心占い」には、**運の悪い時期というものはありません。**

一般的に占いでは、「空亡《くうぼう》」や「天中殺《てんちゅうさつ》」「大殺界《だいさっかい》」などと呼ばれる、運が悪いとされる時期があります。占いの好きな方ならご存じでしょう。僕の占いではこの時期を**「裏期」**

36年周期でやってくる決断に最適なタイミング

と呼んでいます。何もかもが裏目に出る時期です。

「やっぱり運が悪いってことでしょ？」と思われるかもしれません。ですが、裏目に出るのであれば、**いっそ普段自分が選ばないような選択をしてしまえばいい**、あるいは裏目に出るのを楽しんでしまえばいいのです。

というのも、冒頭で説明したとおり、**人の欲望は時期によって変わります。この変わるタイミングが、運の悪いとされる時期**なのです。普段追い求めているのとは異なる欲望が表に出てくるから、うまくいかない。失敗したり、痛い目に遭ったりしやすくなる。だから運が悪いと感じてしまうのです。

逆転現象が起きていると、今までとは違う不慣れな仕事が回ってきたりもします。それは新しい技術の習得のチャンスと考えればいい。普段モテなかった人には恋のチャンスが訪れるかもしれません。考え方ひとつで裏期も楽しく過ごせますよ。

裏期は「運気が悪い時期」と解釈され、交際、結婚、引越し、転職、すべてダメと考えられてきました。それこそが本末転倒。怖がって何もしないのは一番いけないこと。

裏期の法則「**大きな成功をつかむ人は、それと匹敵するぐらいの大きな困難も経験している**」を覚えておいてください。

裏期は次へのステップには不可欠な時期でもあるのです。理解して行動すれば、まったく怖くはありません。

「金欲・財欲」逆転現象 ——ゲッター流の過ごし方

「金欲・財欲」が強い人の場合、裏期になると今までと同じようにがんばっても、残念ながら、お金が入らなくなったり、失ってしまうかも。いつもの長所が裏目に出る現象が起こります。

どうしたらよいのでしょうか？　大切なのは、金欲に固執しないこと。**お金がなくても楽しいと思う感覚を覚える**のです。

他人にごちそうすることで、喜んでもらい、自分も楽しくなるとか。逆転した欲を受け入れ、その欲をおもしろがる感覚を身につけるといいでしょう。

つまり「**自分の欲望のためにお金は使わない。お金は人のために使う**」のです。お世話になっている人に恩返しする、困っている人を助ける、大切な人にちょっとしたプレゼントをするなど、「人のため」を楽しんでみてください。

仕事でも予想外のことが起こります。「店長に仕入れの手伝いまでさせられるんだけど」と文句を言っていたアパレル店の販売バイトのA子さん。

じつは、それは店長が、会社にA子さんを社員に推薦するためだったそうです。いやな仕事の裏に絶好のチャンスが訪れていたというわけ。それなりに苦労はしますが、次の結果につながっています。

このように、欲望の逆転現象が起こったときの対処方法はふたつだけ。

①もともともっている欲望に固執しない。

②もっていない欲がきたら、受け入れ、おもしろがる。

表に出ている性格ばかり伸ばしていると、思わぬ落とし穴にハマることもあります。裏期に出てくる自分の裏の性格を理解して、上手に付き合ってください。

三つの心構えを覚え裏期に備えよう

いつもとは違う現象が起こりはじめる裏期。一年ほどのことですし、乗り切り方を知っていれば怖くはないのですが、不安な気持ちはありますよね。

裏期がきても慌てないために、「表の自分の欲望と、裏の自分の欲望を知っておく」「表の自分の当たり前が、当たり前じゃなくなると思っておく」「裏の自分を毛嫌いしないで、受け入れる」この三つの心構えを覚えておきましょう。

裏期には、他人も自分も許すことが大事です。他人をどんどんほめて、感謝や愛の気持ちをちゃんと伝えるのもいいですね。

これまで経験したことのない逆転現象に、一瞬とまどいますが、運気にいいも悪いもありません。**すべては人が成長するためのありがたいもの。**「人生」という名のゲームを楽しむ感覚で、想定外をおもしろがることが、裏期を超える最大のコツなのです。

ゲッターズ飯田の運命の変え方

著者：ゲッターズ飯田
出版社：ポプラ社（ポプラ文庫）／定価：620円（税別）
人生に迷うことなく最適な決断のタイミングを見極める、人には見えない36年周期の運気の流れがわかる一冊。12の星のタイプから自分の星がすぐわかる星数表付き。著者自身を占った実体験も含め、データに分析された「五星三心占い」による108通りの「運命グラフ」を全掲載。

◆ポイント

- 運がよい時期とは決断するのにいい時期
- 運が悪いと思うのは裏の欲望が出てきているから
- 裏の欲望を知っておけば裏期がきても怖くない

Special Interview

見たい景色、してみたい経験。お金はそのためのツール

空間演出家として数億円のプロジェクトを手がけ、写真家としてもジャンルでは異例の売り上げを達成したFUMITOさん。今回、特別に自身が実践するお金の習慣を公開してくれました。

FUMITO

クリエイティブ・プロデューサー。パラレルアース株式会社代表。ファッション、コスメブランドのパーティやショーなどの空間演出、イベントプロデュースを手がける。東北の神社の家系に生まれ、神職としても活躍している。東日本大震災を機に、すべては愛と感謝と光であると体感し、パートナーのLICAとともに講演や執筆活動をとおして、メッセージを発信している。公式ブログ「地球遊園地を楽しもう！」https://ameblo.jp/parallel-earth/

ワクワクに素直に従って行動する

お金ってツールだと思うんです。その先にはものを得るとか、旅行に行くとかっていう目的があって、さらにその先に体感がある。お金がほしいときって、本当に得たいのはこの体感を感じる感情だと思う。

だから、お金は「気前よく使う」ことが大事かなと思います。散財しろということではないですよ。自分の気持ちに１００％嘘をつかないっていうことです。

たとえば、レストランでAとBのランチがあって、Aのほうが美味《おい》しそうだけど高い。こういうときに、本当に食べたいAを選ぶということです。お金を理由に妥協しない、悩まないって決めるんです。

何かを買おうって思ったら、買ったらこうなるってイマジネーションが膨らんで、ワクワクするじゃないですか。僕はその衝動に従うようにしています。

僕が今住んでいるマンションは、まわりで一番背の高い建物だから、３６０度遮《さえぎ》るものがなくて富士山まで見えるんです。ひと目見て、あそこに住みたい！　って思いました。

こんな風景が見えて、こんな写真が撮れるはずだってイマジネーションがわいた。

　でも調べてみると、不動産屋では部屋が空いていなかった。あれ、おかしい、こんなにワクワクしてるのにって思って、もち主の会社に聞いてみると、じつは空室が出たところだったんです。しかもベストの部屋が！

　イマジネーションが膨らむのって、気持ちとマッチングしてるからだと思うんです。そのワクワクが宇宙からのサインなんですよ。

お金ではなくて衝動にフォーカス

　そして、これはちょっと勇気がいると思うんですけど、本当にチャレンジしたいことがあるなら、借金をしてでもやったほうがいい。借金は恥じることじゃないと思うんです。

　僕も以前、借金をして全米一周に行ったことがあります。バックパッカーで、移動はバスとヒッチハイクだけ。盗みに遭ったりもしましたけど、お金には代えられない経験です。

　そのチャレンジしたいことが、ワクワクするけどちょっと恐いと感じるようなことだったら、なおのことチャンスです。100％心地いいところから少しはみ出すようなことって、僕たちの世界を拡張してくれるから。

　最初は足がすくむかもしれないけど、行動してみると全然恐くなかったりする。仕事や人間関係でもそういうことって多いですよね。

　そうやって、見たい景色、してみたい経験にフォーカスして、衝動に素直に行動していると、自然にお金は回ってくるものだと思います。逆に、お金にフォーカスしてしまうと、なくなったら……という不安が出てきて、引き寄せのエネルギーが枯渇していく。

　どうしてもお金にフォーカスしてしまうようなら、お金をシェアしてみましょう。つまり、お賽銭《さいせん》や募金です。

　僕の生まれた家は神社なんですが、来てくれる方は、みんなすごく真剣にお祈りをしています。お金にはそれだけのエネルギーが乗っていて、お金をシェアすることで、このエネルギーを回すことになるんですよ。

　そして、お金を出すことで、自分を引いて見ることもできます。つねに宇宙から見られているような視点をもつというか。そうすると、自分に嘘ってつけないじゃないですか。

　信じるものが信念になって、現実をつくるんです。心の声に向き合ってください。

巻頭特別付録
幸運が舞い込む「**不思議な写真**」
FUMITOさんが**本誌のために特別にプロデュース**してくれた１枚、とくとご覧あれ！

写真の見方

① 瞬《まばた》きせずに10秒間見続けてください。

② 静かに目を閉じ深く呼吸しながら、この写真をとおして、自身の内面にわき起こること、広がる感覚を受け取ってください。
また、そのビジョンから、何かイマジネーションがわいてきたら書きとめてみてください。

感じること、想像することを、深く呼吸しながら受容してみてください。

③ 十分感じたら、目を開けてください。

写真解説

撮影場所：多摩（東京都）

ふたつに分かれた幹の間から光が差し込んでいます。

光は意識すること、意図することの象徴。

自分は、本当は何がやりたかったのか。

本音を照らす光です。

光を見続けていると、これは何だろうというクエスチョンがわいてくるかもしれません。

それでもずっと見続けます。見続ければ見続けただけ落ち着いてくるでしょう。

そしてふとしたときに、本音がポロッと出てくるはず。

その本音に従って行動すれば、かならずお金につながります。

敬意を払って接すれば、お金と相思相愛になれる

古神道の数秘術を取り入れ、2万人以上を開運に導いた鑑定士が教える、毎日の生活のなかで簡単に実践でき、しかもお金のほうから集まってきて、本当のお金持ちになれる、すごい習慣を紹介します！

お金は自分の意志で行き先を決めている

私は、自分の運勢を変えたいという思いで、20代後半から占いの勉強を始めました。そして、36歳のときに、鑑定士として占いの仕事をスタート。

その後、**「古神道《こしんとう》の数秘術《すうひじゅつ》」**を鑑定に取り入れたことで、鑑定依頼者の運勢を高い的中率で言い当てることができるようになりました。さらに、私自身の運勢も古神道の数霊《かずたま》の開運法で好転し、金運だけでなく、すべての運気が劇的に向上したのです。

鑑定依頼のなかで最も多いのが、お金にまつわる相談。これまでに2万人以上の金運アップのお手伝いをさせていただきました。

そのなかで、お金持ちの人たちに共通点があることに気づき、**お金と相思相愛になれる金運法則**がわかったのです。

人生はお金がすべてではありませんが、人生の大切なこととお金はつながっています。私たちはこれといった目的がなくても「もっとお金がほしい」と思いますよね。

ところが、いくら手を伸ばしても「あなたのところに行きたくない」と**お金に嫌われてしまったら、お金はやってきてくれません。**

お金は龍神さまのお使い。自分の意志で誰のもとに行くかを決めているのです。

龍神さまに愛されるのは謙虚で誠実な人

かつて私もお金がなくて苦しい生活をした経験があります。ですから、鑑定依頼で「お金に困っている」という相談を受けると、そ

Nakai Youka

中井耀香

古神道数秘術家。和暦を使った開運方法を伝える。20代よりさまざまな占いを学び、「難を避け、運がよくなる」方法を多数発見し、2万人以上の人生を好転させてきた。経営者や政治家が人生の岐路にアドバイスを求めてやってくる鑑定家としても有名。

公式LINE＠では、最新の開運情報を無料で配信中。「@nakaiyouka」で登録可能。

公式ブログ「運の源と繋がる方法 すごい『お清め』」https://ameblo.jp/youka81/

の人の苦しみがよくわかります。

しかし、注意しなければいけないことがあります。それは、「お金がない」と口にするのは「お金に嫌われている」と公言しているようなものだということです。

お金には感受性の高い魂が宿っています。そのため自分を大事にしてくれて、愛してくれる人のもとへ集まろうとするのです。反対に、**お金は「お金なんて嫌い」と言っているような人に近づこうとはしません**。それは、お金に「あの人の財布には行きたくない」と嫌われている証拠なのです。

お金に好かれる人は、つねに「誰かの役に立ちたい」と目の前の仕事に懸命に取り組んでいます。そして、自分が稼いだお金を「こんなに頂戴することができてありがたい」と謙虚に受け取っています。

たとえ1円でも、手元にやってきたお金は龍神さまからのごほうび。お金がほしいなら、龍神さまからお金を運んでいただけるよう、誠実に生きていくことを心がけましょう。

さらに、お金には清浄な場所を好むという特徴があります。そのため、龍神さまは、あなたがどうやってお金を得ているかだけではなく、**どこで、どうやってお金を使っているのかも見ています。**たとえ懸命に働いても、お金にうとまれるような使い方をすれば、あっという間にお金は姿を消してしまうので注意してくださいね。

いっぽう、本当のお金持ちは身の丈をよくわかっており、必要なときにだけお金を使います。そして、お金を使うとき、「このお金で何人のお給料に貢献できるのだろうか」とワクワクしながら使っています。

ちなみに、私は神社のお賽銭《さいせん》箱にはお札を入れるようにしています。神社で働く人たちに快くお勤めをしてもらうためです。お給料の一端を私が担わせていただいているという気持ちで、お賽銭を入れています。

あったら使うが、なかったら使わない

私はお金を支払うとき、「**このお金で何人に喜んでもらえるだろうか**」と考えて、できるだけたくさんのお金を支払うよう心がけています。自分が支払ったお金でひとりでも多くの人が潤ってほしいからです。

このように**人の働きに報いるためにお金を回すのが、支払うときのルール**です。こうしてお金の入口と出口を清め、お金を回す道筋を決める。判断力と審美眼《しんびがん》を磨いていくことが金運アップにつながるのです。

そして、支払うときは気持ちよく支払いましょう。このとき、見返りを求めてしまっては、積んだ徳を打ち消すようなもの。気持ちよく支払ったら忘れましょう。自分がした善行さえもさっぱり忘れられたら、忘れた頃に龍神さまからごほうびをもらえますよ。

お金に愛される人の共通点はほかにもたくさんあります。たとえば、私の知り合いの裕福な女性が守っている「一攫千金《いっかくせんきん》を狙わない」というルールがそうです。これは真理だと思います。一攫千金を狙ったり、人のお金を使ってもっともうけようとしたりすると、一時的な利益は得られても、のちに大損するというのが「お金の法則」なのです。

金運向上には、「**お金はあったら使うが、なかったら使わない。ほしいものがあっても、余裕がなければ買わない**」というシンプルなルールがあります。これがお金をつかさどる龍神さまに好かれる鉄則。一攫千金を狙わず、謙虚に人のために行動する人のもとへ「**生き**

お金は気配りのできる謙虚な姿勢の人のところへ集まる

Empower Your Life

金」という名の福の神が集まってくるのです。そして、お金に好かれると、自分が使った以上のお金が返ってくるようになりますよ。

億万長者は、きれいで立派な長財布を愛用

お金持ちの人たちの重要な共通点をもうひとつ紹介しましょう。それはお金への接し方です。

お金持ちの人たちは、日頃からお金に対して、自然に敬意を払っています。それを最も端的に表しているのがお財布です。

経済的に余裕がある人で、ボロボロに汚れたお財布をもっている人はひとりもいません。いっぽう、お金に困っている人は、決まって使い古したお財布をもっています。

この関係に気づき、私は10人の億万長者の「財布事情」を調べたことがあります。10人ともきれいで立派なお財布をもっていました。また、すべての人が長財布を愛用しているのも共通点でした。

お財布の使い方で私がおすすめしているのは、**お札と小銭《こぜに》を別々のお財布に入れる**こと。小銭は種類を問わず小銭同士でじゃらじゃら

と集まるのが好きだし、お札も一万円札、五千円札、千円札と、お札ごとに仲間で集まるのが好きなのです。

　もしできるなら、長財布のなかを三つに仕切って、一万円札、五千円札、千円札を分けて収めるとさらにいいですよ。そして、どんなに少額でも、龍神さまからのごほうびだと感謝して快く受け取りましょう。

　また、**お金持ちのところへは、お金のほうから集まっていくもの。**お金を敬愛しているから、そうなるのでしょう。お金は邪念のない素直な愛情を表現している人を目がけて飛んでいくものなのです。

お金を活かせるかどうかは生き様しだい

　金運アップを願う人にかならず伝えている開運術があります。それは、あなたがもっているすべての**小銭を「巳《み》の日」に水で洗って天日干しする**こと。

　すると疲れた体を洗ってもらった恩を感じて、小銭が金運を引き寄せてくれるようになるのです。きれいにしてもらった小銭が「あの人のもとに行くと、きれいにしてもらえるよ」と別の小銭やお札にうわさを広げてくれるからでしょうね。

　このほかに、お金を使う際に、お金が行き先でどんな扱いを受けるかまで見越して使うことをおすすめしています。これは「死に金」でなく、「生き金」を使うということです。

　私は、うっかり「死に金」を使ってしまったときは夜も眠れなくなるほど後悔します。そして、お金の使い道を顧《かえり》みるいい機会だったととらえます。

　生き金を使うときの心構えはとてもシンプルです。**「この人ならお金をうまく活かしてくれそう」と思えるならお金を回す**けど、そうでないなら回さない、という態度で臨むことです。

　不幸の責任をお金に押しつけるような人に、お金は近寄らないものです。反対に、気配りができる謙虚な姿勢の人のところへは、自然に集まってきます。つまり、お金を活かせる人かどうかは、生き様で決まるのです。

お金はたとえ少額でも喜んで受け取る

　人としての器が小さければ、いくら大金が

神さまへの感謝を忘れない人にだけ龍神さまは微笑む

Discover
How to Improve
Your Life

幸運の神様とつながる すごい！習慣

著者：中井耀香
出版社：PHP 研究所／定価 1,000 円（税別）
鑑定家としても活躍する古神道数秘術家の著者が幸運の神様から好かれる「すごい習慣」を一挙公開。「人を褒めて徳貯金を貯める」「神社には気前よくお賽銭を入れる」「悪縁はスパッと断ち切る」など、お金、仕事、人間関係、恋愛・結婚などに効く方法がつまった１冊。

舞い込んできても、お金はあっという間に消えてしまいます。高額な宝くじに当たった人が不幸になりがちなのは、大金に見合う器の大きさがないからです。

もっとお金がほしいなら、宝くじやギャンブルであぶく銭をもうけようとする前に、**自身の身の丈を知ることが肝心**。今の生活を見直してみましょう。

それでもお金がほしいというのであれば、自分の器を広げるしか方法はありません。**自分の器を広げるためには、お金への小さな心配りを地道に積み上げていくこと**が大事です。どさっとお金が入っても、「これは龍神さまが授けてくれたごほうびだ」と謙虚にとらえ、使い道を真剣に決めていきましょう。

お金を増やしたいのなら、たとえ1円でもコツコツと積み上げていくことが肝心です。手にした1円を価値あるものに回して2円にするのです。こうして増えていけば、次に使い道を真剣に考えましょう。

お金が喜ぶように回し続けていけば、龍神さまはあなたの真摯な姿勢を信頼し、3円を4円、4円を6円と、少しずつごほうびを増やしてくれることでしょう。反対に、お金をもらっても文句を言っているような人の場合、「もう二度と来ないぞ」とお金が怒ってしまいます。そして、お金の仲間にその人の悪いうわさを広めていきます。

龍神さまがごほうびをあげたくなる人とは、たとえ少額であってもお金を受け取るときに喜んで受け取ってくれる人です。そうすると、お金は「そんなに喜んでもらえるのだったら、もっと友だちを連れていこうかな」と乗り気になってくれます。

心からお金と相思相愛になりたいと願うなら、じつは**魂を磨くのが一番の近道**。人づきあいの筋を通し、小銭やお札を大切に扱い続け、神さまへの感謝を忘れずにいる人にだけ、龍神さまは微笑んでくれるのです。

◆ポイント

- 一攫千金を狙わず、人のために行動すれば生き金が集まってくる
- 小銭を巳の日に水で洗って天日干しすると金運がアップする
- 小銭やお札を大切に扱い、財布はきれいな長財布を使う

がんばるのをやめると、どんどんお金が回る

いくらがんばっても、ノウハウだけではお金持ちにはなれません。
がんばるのをやめて、すでにお金は「ある」と気づくこと。
お金に対する「前提」を変えると、お金がじゃんじゃん回り出します。

お金に対する「あり方」を変えれば心が満たされる

あなたは、お金に対してどんなイメージをもっていますか？　楽してもうけるのは悪いこと？　働かなくて高い給料をもらう上司や社長をどう思いますか？　もし「お金の話は品がない、楽にもうけてはいけない」と思うなら、お金に否定的なイメージがあります。

このようなイメージが、あなたのお金に対する「前提」＝「あり方」です。お金が入らない「あり方」である限り、お金は入ってきません。以下に述べることを何度も練習して、**お金に対する「あり方」を変えていくと、がんばっていないのにどんどんお金が入ってくる人になる**ことができます。

日本人は、お金に否定的なイメージをもつ傾向があります。たとえば、日本の成人男性の年間の平均寄付額は２５００円。高所得者を除くアメリカの成人男性は、年平均13万円だそうです。大学への寄付金も、日本人はアメリカ人の40分の1くらいです。

日本人がお金を貯めようとするのは、「お金は簡単に入ってこない」という前提があるから。お金の出口を変えると、お金の流れが変わります。どかーんと入ってきて、どかーんと使う。この流れを早くつくることです。

では、人間にとってお金って何でしょう。本当にほしいのはお金そのものでしょうか。そうではなく、お金があるときの「安心感」です。お金がたくさんあると、ガマンしなくていいし、自由でとても豊かです。**「私は自由ではない」と思うのは、「自分にはお金がない」という思いがあるから。**すでにお金も

Kokoroya Jinnosuke
心屋仁之助

兵庫県生まれ。自分の性格を変えることで問題を解決する、性格リフォーム心理カウンセラー。大手企業の管理職だったが、家族や自分の問題を機に心理療法を学ぶ。現在は、京都を拠点に全国でセミナーやカウンセリングスクールを運営している。独自のカウンセリングスタイルは、心が楽になり現実まで変わると好評。ベストセラーも多数あり、著書の累計は370万部を超えている。
公式ブログ「心が 風に、なる」https://ameblo.jp/kokoro-ya/

● 1年間の平均寄付額（成人男性）

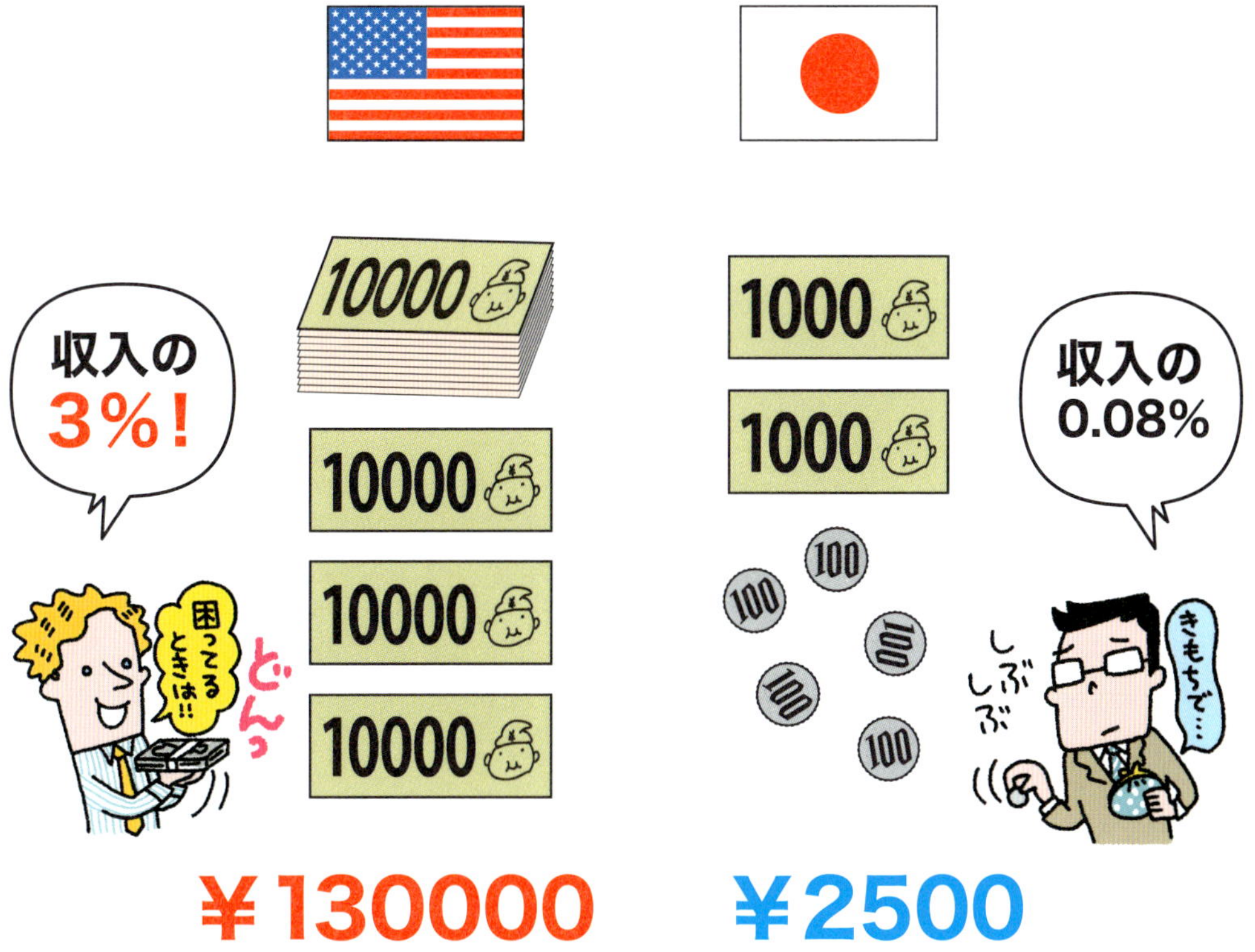

豊かさも「ある」と知ると、自由になれます。自分で自分の「ある」を認めて安心すると、お金に執着しなくなります。ほしがるから入ってこない。ほしがらないと入ってくる。「すでにある」から、ほしがらなくていいし、心が満たされている。するとお金も満たされるようになるんです。

「自分で」をやめると他力が助けてくれる

もし、あなたがお金に困っていたり、振り回されているとしたら、それはあなたには「お金に対するネガティブな前提があるよ〜」と教えてくれる、ありがたい現象です。まずは「あり方」を変えるのです。

じつは、**「がんばっている」限り、なかなか豊かにはなれません。**労働には限界があります。死にものぐるいでがんばっても、「自力」は自力以上には大きくなりません。ひとりの労働力は、たかが知れています。でも、「他力」を利用したらどうでしょう。自力の3倍にも4倍にも、１００倍にもなるのです。

「他力」を利用するには、「自力」でがんばるのをやめることです。お金がないなら、こ

入ってきたら出す。そうすると
めぐりめぐって大きくなってもどってきます！

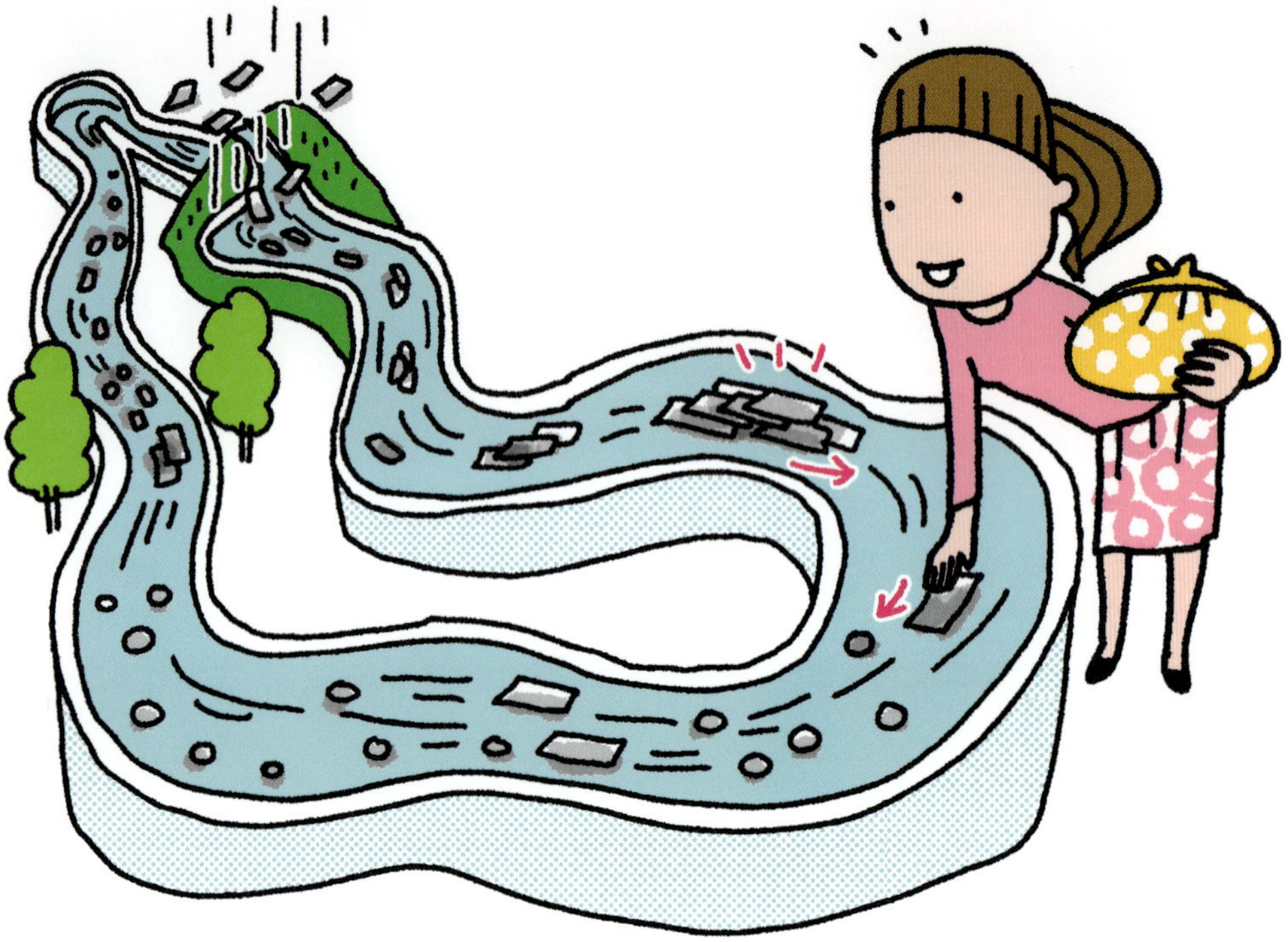

れ以上がんばらずに、「助けて」「手伝って」と言ってみましょう。**お金がないのは、「頼るべき人に、怖くて頼んでいないだけ」です。**頼んでダメなら、貯金を使えばいいだけです。

僕もかつてはそうでした。自分ががんばろうとしていたし、「自分のほうができる」という思い上がりもありました。でも、自分がいくらがんばっても限界があると気づきました。だから、がんばるのをやめたんです。すると、向こうから人がやってきました。前は京都から東京へ出向いてセミナーをしていたのに、がんばらないで京都にいたら、わざわざ京都まで人がきてくれるようになりました。

お金は「なんか知らん」ところからやって来る

お金に困らない人の「あり方」になるには、次の4つの段階があります。

第1段階は、「ある」に気づくこと。まず、「ある」と信じてみる。すると、想像を超えたところから豊かさがやってきます。「なんか知らんけど」親の遺産が入ってきた、「なんか知らんけど」玉の輿《こし》に乗れた。豊かさは「なんか知らん」ところからくるのです。

イラスト版
一生お金に困らない生き方

著者：心屋仁之助
出版社：PHP 研究所／1,100 円（税別）
お金持ちになるには「やり方」ではなく「あり方」の問題であること、その解説と練習や習慣づけまで丁寧にわかりやすく書かれている。お金に焦点を当てて、自分の考え方（大前提）に気づくきっかけや、お金や豊かさが回る方法が理解でき、目からウロコが落ちる本。

第2段階は、自分を認めること。自分は豊かさを受け取れる存在である、受け取っていいんだと自分を許すことです。あなたは、ただ存在しているだけで価値がある。そういう「前提」に変えてみてください。

第3段階は、「ほしいものだけを受け取らない」こと。人生はいいことも悪いことも、辛いことも楽しいことも順々にやってきます。いいことだけ受け取っても、人生は思うように進みません。ほしくないものも受け取ると、豊かさにあふれます。受け取るとは、すべてを受け入れることなのです。

最後の第4段階は「豊かさを受け取ったら出す」こと。自分のところで循環を止めてしまったら、次からお金も豊かさも入ってきません。どんどん出して、どんどん回す「あり方」に変えること。**これが「損する覚悟」。損したくない人は、得もしません。**

僕は自分の本を出したら、自腹で4000冊購入して、心屋塾の会員全員にプレゼントします。自分の本を買うのですから、一見損するように思えます。でも、損をするのが豊かになる一番の近道。本をプレゼントすると、不思議なことに本がどんどん売れて、新しい読者が増えています。

損をすれば、豊かさが返ってきます。お金も空気も愛情も、出せば回る。これが宇宙の法則です。**お金が入る人になるには、お金をちゃんと使って世の中に巡らせること。**自分が好きなものに使って、自分を喜ばせるんです。「やりたいことをやる」「ほしいものを買う」と先に決めるから、そのお金が「なんか知らん」ところからやってきます。

そして、がんばらないこと。お金はケチらない、止めない、ちゃんと出す。なくても出す。相手に「出させてあげる」、それをちゃんと「受け取る」。すると、かならずお金が入る人、お金に困らない人になれます。

◆ポイント

- 空気と同じように、お金も豊かさも「すでにある」と知る
- 自力でがんばることをやめて、他力に頼る
- お金がなくても出す。出せばお金は回る！

妄想パワーで、幸せもお金も恋も引き寄せる

あれこれムフフと妄想し、楽しくなってニヤニヤしちゃう！
これがイメージングとなり、願いを引き寄せてくれます。
ワクワクする未来を妄想して幸せや楽しさを感じていれば、
妄想が現実となる日がかならずやってくるのです。

恋が100%叶ったのは、妄想を楽しんだおかげ

私がおすすめしているのは、引き寄せの法則ならぬ「妄想の法則」です。あんなこと、こんなことを日々妄想し、ニヤニヤしていたら、次々に願いが叶《かな》いました。人気ブロガーになった私、本を出した私……をワクワクして妄想していたら、こうして実現しました。

とはいえ、2015年頃までの私は、引き寄せの法則を知りませんでした。今でも不思議なのですが、あるとき奥平亜美衣さんの著書『「引き寄せ」の実践トレーニング』という本を手にとりました。読み終えた私は、「引き寄せの法則はあるー！」と思ったのです。言われてみれば、今まで自分の思ったとおりの現実を手にしているではないか。うまくいったことも、いかなかったことも含めてすべて。

私は、いつもなぜか、好きになった人との恋がうまくいきました。100%です。色気もない、目立つタイプでもない、あだ名が「ハニワ」の私がなぜだろうと不思議でした。でも、亜美衣さんの本を読んで謎が一気に解けました。無意識のうちに**「妄想」という手段を使って、「イメージング（願いが叶った状態の自分をイメージすること）」をしていたことに気づいた**のです。

私は恋をすると、いつも好きな人のことが頭から離れませんでした。現実は片想いなのに、まるで両想いのように「彼と食事に行っている私」とか、「彼に愛されている私」を妄想して幸せを感じ、楽しんでいました。なんちゃって両想いなのに、心はバラ色……。**なかなかのイタイやつ**です。

ところが、そのイタイ……いえ幸せな妄想は現実となりました。妄想することで恋を引き寄せ、未来をつくっていたのです。

ちょっとあほになれば、簡単に引き寄せられる

私は、料理しているときも、外を歩いているときも勝手に妄想しています。温泉旅行に行く妄想、有名人とムフフな妄想、宝くじが当たった妄想、ブログにたくさんコメントが届く妄想などさまざまです。共通しているのは「自分が楽しくなる妄想」ということ。

「願いを叶えるため」ではなく、「今、幸せ

Kazumin

かずみん

1978年、京都府生まれ。引き寄せとは無縁だったが、2015年に奥平亜美衣さんの著書と出会い、引き寄せの世界へ。無意識のうちに妄想して引き寄せを使っていたことに気づき、その体験をブログに書くと「等身大でわかりやすい」と大好評に。ブログランキング上位に入る。
公式ブログ「妄想は世界を救う。～妄想万能説～」
https://ameblo.jp/kazuminhappiness/

を感じるため」に妄想しています。すると行きたかった場所に次々と行けるし、臨時収入が舞い込んでくる。ニキビも改善したし、夢のまた夢だと思っていたブログランキング上位に入ることもできました。

今の状態がまったく違っていても問題ありません。それは仮の姿。たとえば、今はお金がなくても「口座に6億円がある。何でも買えるし、どこにでも行ける。幸せだなぁ」と感じながら暮らすのです。

そんなバカな？　よくぞ言ってくれました。そうです。「ちょっとあほになる」のです。これは、妄想の法則において必須です。ちょっとあほになった人から幸せになる、と言っても過言ではありません。幸せはすぐそこにあります。必要なのは、妄想しながら毎日ニヤニヤ過ごし、「今、幸せを感じる心」です。そうしたら現実が追いついてきます。

人生、いろいろあります。でも、起こってしまった出来事に振り回されて、いつまでもそれを引きずるのは、いたってふつうです。それじゃあ「ちゃんとした人」じゃないですか。**妄想の法則では「一生懸命、ちゃんとしない」ことがとても大事**です。

幸せなお金持ちってどんな気分？

Empower Your Life

ですが、ただ妄想すればいいのではありません。「もうすでに叶った状態」を思い浮かべること。**本当にほしいのは、お金によって得られるものや体験、安心感や幸福感、「あれもこれもできる」というワクワク感です。**お金を手にした一時的な喜びではなく、「つねに豊かさを感じ、幸せと安心感に包まれている日々」を妄想しましょう。

「あーなりたい」「こうしたい」といった願いが生まれたときに、その状態になったところ、ほしいものを手に入れたところ、行きたい場所に行ったところを思い浮かべます。そして、「あぁうれしいな」、「あぁ幸せだなぁ」と感じる。ここが肝心です。この「幸せ」の波動が、幸せな現実を連れてきてくれます。ということは、「頭に思い浮かべたこと＝妄想」をうまく使いこなせば、願いを叶えるのはとても簡単なことになるのです。

リアルな妄想と幸せ感、少しの行動がポイント

幸せを感じる妄想にはコツがあります。それは、**自分目線で妄想し、視覚・聴覚・触覚・嗅覚・味覚の五感を使って感じること**です。

視覚は、あくまでも自分目線の映像。「大金を手にして喜んでいる姿」ではなく、「目の前にたんまりお札があるところ」とか、「6億円が入っている預金通帳」など、具体的にイメージしてニヤニヤします。

はい、ここーー！ ワクワク、ウキウキしていますか？ 胸がキューンとなってうれしい！ と感じていますか？ 感情をリアルに感じて、思う存分ニヤニヤするのです！

聴覚は、お金を手にしたらやりたいことをイメージして、飛行機の音、海の音、温泉の音などを思い浮かべます。嗅覚では、お札の匂いを嗅ぐのもいいですね。かなり変態っぽいですけど、気にしません！ 触覚は、お札がたっぷり入ったお財布を手にもつ感覚をイメージしてみてもいいでしょう。味覚は、食べたかった高級料理を口にして「おいしい！」と喜んでいるシーンでもいいですね。

五感すべてでなく、視覚だけ、聴覚だけでもかまいません。具体的にイメージするほど、「手にしたい」という思いが強くなります。

そして、ここぞというときは行動すること。宝くじを当てたいなら宝くじを買うし、旅行に行きたいなら、パンフレットやネットで情報を調べるでしょう。無理して行動するのではなく、妄想で幸せを感じ、やりたいと思ったことを行動に移してみる。すると、臨時収入があったり、誰かから誘われたりして、ヒョ

イっと叶ったりするんです。
「だけど、どうやったら願いが叶うの？」
それは知らん！
手段を考えるのは宇宙の仕事。私たちは「叶った後の世界」を妄想して、ただただ幸せ気分に浸《ひた》っていればいいのです。

遠慮は無用！　いつでも妄想で大金持ち

お金の引き寄せにおいて、意外に多いのが「お金がなくても幸せ」と思っている人です。私もそうでしたから、その気持ちわかります。でもお金があればいろんなことを体験でき、大切な人の夢を応援したり、誰かを助けることだってできます。

ぜひ、「暮らしていけるだけ」ではなく、「好きなものを好きなだけ買えて、何でもやりたいことができるお金」をほしがりましょう。

遠慮なんて無用。「ほしいものは全部手に入れる」というジャイアンのような生き様です。遠慮することなく、お金持ちになろうと決めること。なると決めればなるのです。

「いや、ムリに決まってるでしょ」

出た！　はいこれ、いらん思考ーー！

がんばりすぎず、ムリな妄想はしない

宇宙にムリなことなどございません。ムリと決めているのは自分。引き寄せを邪魔しているのは、自分の余計な思考です。

　では、妄想の力でお金持ちになりましょう。「もうすでにお金持ちになっている人」の感覚で生活するのでしたね。うわぁ簡単！　え？　「そんなバカなことできない」って？　**忘れましたか？　「ちょっとあほになる」んですよ！**　大丈夫、すぐ慣れます。気づいたら「あれっ？　お金持ちになりきっている！」となり、いつの間にか「本当にお金持ちになっている！」となりますから。

　そして、「自分のなかにある幸せなお金持ち」をイメージしてみてください。金塊の山？　6億円が入った通帳？　高級車？　ブランドのバッグ？　南の島で優雅に暮らす姿？　これはひとりひとり違います。私は、「好きなことをして、年に何回か旅行し、時々ごちそうを食べるけど、家で食べるご飯にも幸せを感じる自分」が思い浮かびます。そういう、「自分の心がときめくお金持ちの映像」を見つけましょう。ワクワクするなら同じ妄想で大丈夫。繰り返し練習してみてくださいね。

うまくいかないときにムリせず乗り切るコツ

　妄想して幸せ気分でいても、いやなことも起こるし、しんどいときもありますよね。辛いときは、ムリに「いい気分になろう、妄想しよう」とする必要はありません。ムリすると、「どうせダメだろうな」といったあきらめや不安な気持ちが湧いてきて、その波動を宇宙に届けてしまいます。

　妄想できないときはムリにしないこと。むしろ、今できる何か、ちょっぴり気分が上がることをしちゃいましょう。ふらっと散歩に行く、甘いものを食べる、好きな音楽を聴く、ふて寝する、何でもいいのです。

　それでも心配や不安といった、ネガティブ感情が頭から離れないこともあります。ずっとポジティブでいるなんて不可能です。妄想のプロである私だって、すぐ心配してしまう「心のくせ」があります。大事なのは、その後。ずっと心配を抱えることもできるし、心配をパワーに変えることもできます。

　たとえば、彼のことが好きすぎて執着してしまうのなら……。いいじゃないですか。それだけ大事な人と出会えた証拠。**「執着して何が悪い！　わっはっは」と、笑い飛ばしちゃいましょう**。ネガティブ感情は悪くないけど、ずっとそのままだと疲れてしまいます。

そんな自分もヨシヨシしながら、「ネガティブＯＫ！　そしてパワーに変えよう」という気持ちでエイっと飛び越えてみてください。妄想できない日があっても大丈夫。ちゃんと妄想パワーは蓄積されています。

そして、願うときはネガティブな言葉ではなく、望む状態の言葉を使うことです。「貧乏はいや」なら、なりたい未来を想像して「豊かで優雅な日々を送る」とする。「失敗したくない」ではなく「成功する」というふうに、ワクワクする言葉を選ぶといいですよ。

さまざまな感情を感じ尽くすことが大切

おすすめは、自分の思考をよく見つめ直してみることです。今日１日は、何を考えていましたか。「上司にいやなことを言われた」「ほしいものを買うお金がない」「テレビで見た事件のニュース」「家族に対する不満」「こうなったらいいなと思う未来」などなど。

そうなんです。私たちは、無意識のうちに現実に起こった出来事に振り回されていることが多いのです。でも大丈夫。そこに気づいたら、「ほしい未来を考える時間」を増やすことを意識すればいいだけです。ほしい生活を妄想してニヤニヤする、好きな人を思い浮かべてニヤニヤする。こんな時間を増やすことから始めてみてください。

願いが叶うかどうかは、「願いが叶うそのとき」まで続けられるかどうかにかかっています。いやなことが起きても、頭のなかで「望むほうに意識を向ける」「ほしい世界をイメージする」という修正を繰り返します。そしてまた、妄想を存分に楽しみます。自分の願いを叶えられるのは、自分だけなのです。無理することはないし、がんばってもいいし、がんばらなくてもいい。妄想の法則はシンプルです。ぜひ楽しんでください。

ありえない
「妄想」でお金も恋も引き寄せる！

著者：かずみん
出版社：秀和システム　／定価：1,300円（税別）
初の書き下ろし本。妄想パワーのすばらしさを、実体験を交えながらわかりやすく紹介。読者と同じ目線に立ち、等身大で楽しく読めることが特徴。お金と恋愛の引き寄せに焦点を当て、それぞれ具体的に妄想できるようレクチャーしていて、すぐに実践できる本となっている。

◆ポイント

- ちょっとあほになる！　今幸せになれる妄想をする
- 五感を使って妄想を実感し、ここぞというときは行動する
- ムリはしない。ときに笑い飛ばし、望む未来のほうに意識を向ける

Special Interview

神さまに上手にお願いすれば、お金持ちも夢じゃない

自分ではどうにもならないことでも、
神さまの後押しがあれば運命を変える手助けになるもの。
金運を上げたい、こんな風になりたいなど、ここぞというときに
自分にあった神社に参拝して、よりよい未来を手に入れてみませんか？

Haga hikaru

羽賀ヒカル

占術家。神道家。「北極老人」という5万件以上の鑑定歴をもつ占い師から生年月日、手相、風水、方位、姓名判断などさまざまな占いを取り入れた「北極流」を学び3000人以上の人びとを開運に導く。現在は占い鑑定やセミナーのほかに神社の秘密を学んでからお参りをする「神社参拝セミナー」を開催している。著書に『神社ノート』などがある。

公式ブログ「羽賀ヒカルの北極流占い」https://ameblo.jp/mpdojo/

人生は「徳」というエネルギーからできている

運というのは、幸せになるためのエネルギーのことであり、目に見えない世界に存在する個人の貯金のようなものです。これを「徳」といいます。人は徳を消費して、うれしい出来事を現実化しています。たとえば、ほしいものが買えた、仕事でほめられた、学んだことが実を結んだといったときに目に見えない世界の貯金を使っているのです。ですから、徳が多い人はよい人生、少ない人はそれなりの人生を歩むことになります。徳は世のため、人のためになる善い行いをすることで貯まっていくものです。あなたが幸せになりたいと考えるのであれば、善行にはげんで徳を積むことを意識してください。徳を貯めていけば金運の悩みも解消されていくでしょう。

ただし、個人が貯金できる徳には限りがあります。自分自身の徳だけでは悩みを解決するのが難しいこともあるでしょう。そこで助けてくれるのが神社の神さまです。個人の運の貯金が決まっていたとしても、神さまが応援したくなるような人は運を分けてもらえるのです。神さまからいただける徳を「天徳」といい、そして恵みを「功徳」といいます。神社の神さまはこれらの徳をもたらすことによって手助けをしてくれます。

ウツシの法を使えば理想の自分になれる

私の師、北極老人から口《く》伝《でん》によって受け継いだ「ウツシの法」というものがあります。これは神さまの感覚をまねて、古い自分の感覚をリセットし、神さまに近づくことができる方法です。この法を行なうと大事なご縁を引き寄せてよい方向に進むことができます。

「ウツシの法」は、あこがれの人をまねることにも応用することができます。理想にあてはまる人物がいたら、その人になったつもりで行動することで、高い感覚を身につけることができるのです。しかし、現実に自分の理想を体現した人物はなかなかいないかもしれません。あこがれの芸能人がいたとしても、メディアでの顔はほんの一部分にすぎません。

それよりも私は、複数の人の長所をウツスことをおすすめします。話し方が優しげ、気がきく、スタイルがよいなど、あなたがよいと思えばどんな部分でも構いません。思いつく限り挙げて、そのよい部分、すべて兼ね備えた理想の人物を思い浮かべてください。そうすると、現実にはありえないようなステキな人がイメージできるでしょう。その人に自分の願いと合っている神さまの名前をつけてください。木花咲《このはなさく》耶《や》姫《ひめ》さま、天照大《あまてらすおお》御《み》神《かみ》さま、どんな神さまでも構いません。具体的なイメージができると、潜在意識の働きかけによって自分がその理想に近づくことができます。さらに、お名前をお借りした神さまが祀られている神社を参拝するとより強い効果が得られますよ。

参拝のポイントは時間・場所・祈り方

じつは神さまから功徳をいただくには、参拝する時間や場所が大切です。早朝の開門に合わせてお参りして、人気のない空気が澄んでいるときがよいでしょう。人がたくさんいると俗気に埋もれてしまい、神さまに願いが通じにくいのです。

また、神社参拝というと一般的には賽銭箱《さいせんばこ》の前でお祈りするイメージがあります。ですが、多くの人が祈願する場所は、野心や欲心をもって参拝する方が少なからずいらっしゃいます。そのため、空気がにごっていることが多々あります。ですから、お祈りをする場所は形式にこだわらず、境内を歩いて空気が清々しく澄んでいるところを選ぶとよいでしょう。

お祈りをするときは、まず神さまに自己紹介をすることが大切です。日常生活でも偉い人に会うときはまず名乗りますよね。それと同じくお参りのときも「私は、（住所）に住んでいる、（氏名）と申します」というように自己紹介をしましょう。

このとき「神さまの名前をお呼びする」ということも大切です。人でも、かけられた言葉が自分に対してだとわかれば意識が向きますよね。これは神さまも一緒です。神社参拝をするときは、そこに祀られている神さまのお名前を調べてからお参りするとよいでしょう。

神さまは人に、他者の幸せに貢献できることと、目標を叶《かな》えることによって自己実現できるようになることを望んでいます。そして、お願いをするときは具体的な内容とともに、その目標が実現できれば他者にどのような貢献ができるかを伝えてください。たとえば「神さま、私は旅行するお金がほしいと思っています。旅行に行けると思えば仕事もよりがんばれて、会社に貢献できると思うのです。ハワイに行けるくらいの金額があれば、毎日楽しい気持ちで過ごすことができ、人のために尽くせると思っています。だから、どうかよろしくお願いします」などのように、できるだけ具体的に伝えましょう。

そうすれば神さまも「そういう理由ならば手助けしよう」となるのです。言葉が浮かばないなら「私は、世のため人のために生き、神さまに与えられたお役目をまっとうします。（神さまのお名前）さま、守《まも》り給《たま》え、幸《さきわ》え給《たま》え」という言葉を唱えてみましょう。大切なことは形式や言葉よりも、想いの熱さです。できるだけ情感を込めて臨場感のあるイメージができればあなたの思いは届くはずです。

迷ったときは、伊勢神宮か産土神社がおすすめ

神社を選ぶときは神さまがいらっしゃるところを選びましょう。神社であれば神さまは絶対にいらっしゃると思われるかもしれませんが、じつは観光地化して人混みであふれている神社や手入れが行き届いておらず汚い神社、荒廃している神社などは、たいてい神さまがお留守になっているものです。よい神社を選ぶときは空気が清らかで濃密だと感じる重厚感のあるところがおすすめです。どこに行けばいいのかわからないという場合は、この後にお伝えする神社に行ってみてください。

◆お金のバランスを整える神さま

三宝荒神《さんぽうこうじん》

三つの顔と六本の腕で怒りの形相《ぎょうそう》を示す。不浄を嫌うことから火の神にあて、かまどの神としてまつる。

蔵王権現《ざおうごんげん》

釈迦如来《しゃかにょらい》の化身といわれ修《しゅ》験道《げんどう》の本尊。右手を振り上げ左手は腰にあて、片足を高くあげた姿をとる。

三面大黒天《さんめんだいこくてん》

正面に大黒天、右面に毘沙《びしゃ》門天《もんてん》、左面に弁財天の三つの顔をもつ大黒天。

◆オールマイティな神さま

弁財天《べんざいてん》

七福神の一柱。話術・美・才能・芸事などを司《つかさど》り、財福や商売繁盛のご利益がある。

おすすめの弁財天神社

- 竹生島神社（滋賀県）
- 江島神社（神奈川県）
- 嚴島神社（広島県）
- 金華山黄神山神社（宮城県）

私が一番におすすめするのが伊勢神宮です。日本の神さまたちから助けを頂けるのは伊勢神宮の働きがあるからです。できれば一度は参拝することをおすすめします。そのとき、自分の願いごとをするよりも感謝を述べるご挨拶をすることを心がけましょう。

地元の「産土《うぶすな》神社」もおすすめです。あなたの産まれ育った土地、もしくはお住まいの土地に宿る産土神がいらっしゃる神社をこう呼びます。身近にいるため困っているときに軽いフットワークで助けてくださり、その時々で必要な神さまに取り次いでくれます。とくに産土神社のなかでも「一宮《いちのみや》」と呼ばれる神社は各地域（旧国内）で最も社格が高いので間違いがありません。お参りもこまめにして日頃の感謝のご報告をするとよいでしょう。迷ったときはこれらを目安に神社を選んでみてください。

金運の種類で、お願いする神さまは変わってくる

金運の神さまには家庭の金運を司る三面大黒天、蔵王権現、三宝荒神がいらっしゃいます。江戸時代においてとくに信仰されていた

神さまで、収入・貯金・節約などのバランスを整えてくれます。家計をよくするには本人の努力も大切ですが、この3柱の神さまの力を借りれば、よりよい方向に導いてくださいます。

全般的な金運をよくしたいならば、経済面の改善を得意とする弁財天に願うのもよいでしょう。話術・美・才能・芸事などを司る神さまですが、財福や商売繁盛《はんじょう》というお金に対しても強い力をもっています。また、急な出費や借金などのピンチを救ってほしい場合は、三輪神社や熊野大社が向いています。これは祀《まつ》られている神さまの力というよりも、その神さまに仕えている眷属《けんぞく》の蛇霊がピンチを助けてくれるのです。

このように神さまによって得意とすることが違っていますし、収入・貯金・節約など代表的な金運以外にも、知恵やひらめきを与えてくれる神さまや、物事の循環をよくする神さま、お金を維持することを手助けしてくれる神さまもいらっしゃいます。ですので選ぶときは目的に合う神さまのいる神社、もしくは自分が直感で行きたいと感じる神社に参拝することをおすすめします。

善行にはげめば徳が貯まって
自然に金運が上がっていく

願いの実現化を高める「神社ノート」のつくり方

書くことで願いを実現する力を強くすることができるノート。それが「神社ノート」です。著書のなかでくわしく紹介していますが、今回はおみくじとノートだけでできる簡単なつくり方をお教えします。

①ノートを書く前に空間を整えましょう。一番よいのは片づけと掃除を行なうことです。難しければ作業する机の上を一切ものがない状態にしてください。

②おみくじとノートを机の上に置きます。ノートはどんなものでも構いませんが、毎日見るものがおすすめです。おみくじも同様ですが、自分の願いに合ったご利益の神さまのところのものだとより効果が期待できます。

③次にノートの前で2礼2拍手し「神さま、今から神社ノートを書かせていただきます」と宣言します。

④ノートの1行目におみくじを買った神社の神さまのお名前を書きます。

⑤2行目から、名前や住所などの自己紹介を書きます。

⑥自分の人生の目的（なりたいと思う理想）を書きます。漠然としていても構わないので感じたままに書いてみてください。言葉が見つからない場合は「私は世のため人のために生き、神さまに与えられた天命を全《まっと》うします」と書いてください。

⑦自分がどうしていきたいかなど、願いを具体的に書きます。

⑧最後は感謝を込めつつ「結果はすべて神さまにお預けします」という気持ちで、「（神さまの名前）さま、ありがとうございます。惟神霊幸倍坐世《かむながらたまちはえませ》」という言葉で締めくくります。

神社ノートは、手順・ルールを決めて守り続けることで効力が増しますから、これを神さまにメッセージを送るつもりで、毎日1行でもよいので21日間続けてください（できなかった場合も効果がなくなるわけではありません）。

途中で願いが変わってしまったら書き直してもいいですし、キャンセルしたいものは斜線を引いて消せば大丈夫です。

手順以外はあなたの好きなように書いて構いませんが、その内容は他言しないように気をつけましょう。これは神さまにだけお教えすることで願いを叶えやすくするという意味があります。

また、教えた人に「そんな願いは叶うわけがない」と思われた場合に、願いの実現をさまたげられることも少なからずあるからです。あなたの願いを肯定的に受け取め応援してくれるような家族や友人であれば、その気持ちが後押しにもなりますが、油断は禁物。神さまとより親密になるため、他言は控えてください。

そして、願いが上手くいかないときは神社参拝やノートを活用してみてください。神さまの応援をいただくことによって、おのずとよりよい人生へと導いてくださるでしょう。

不思議と自分のまわりに いいことが次々に起こる神社ノート

著者：羽賀ヒカル
出版社：SBクリエイティブ／定価：1,400円（税別）
北極流直伝の願いを叶える「神社ノート」の書き方や神さまから応援してもらえる神社の参拝方法、お願いをするときのポイント、ご利益別に神さまを選ぶ方法など神社に関する疑問からパワーの引き出し方を丁寧にわかりやすく解説している。

ポイント

- 自分の願いに合った神さまを見つけ、よく調べてから会いに行く
- 参拝をするときは自己紹介をして、神さまのお名前を呼ぶようにする
- 願いごとはできるだけ具体的に伝えるように心がける

ネガティブでもうまくいく！
MACO式引き寄せメソッド

もし、あなたが、お金に対して
ネガティブな感情をもっていたとしても、
ムリに消そうとしなくて大丈夫です。
ネガティブな感情は、上手につきあうことで、
引き寄せの味方に変えることができるのです。

問題なのは、思考より自分を否定すること

「引き寄せの法則を実践しているけれど、お金だけはなかなか引き寄せられない」と思っている人は、多いのではないでしょうか？　もし、あなたが、思うように望むお金を引き寄せられないとしたら、その原因は「私はいつもお金が足りない」「お金持ちになれるのは特別な人だけ」など、**お金に対するネガティブな感情や思考が脳に刷り込まれている**からかもしれません。

じつは、私も、このネガティブな感情や思考に、ずいぶん悩まされてきました。もともと私は、ものごとを悲観的にとらえてしまうことが多く、ちょっとしたことですぐにネガティブになってしまう「ネガティブさん」だからです。

でも、潜在意識《せんざいいしき》や心理学、脳科学、量子《りょうし》力学などを学ぶうち、「ネガティブな感情や思考そのものがいけないのではない」と気づきました。ネガティブな感情や思考をもっている自分を否定してしまうことのほうが問題だったのです。

そのことに気づいてから、ずっと代わり映えしなかった現実に変化が起こり始めました。念願だった書籍の出版や、セミナー、セッションを通して人の幸せのお手伝いをするという長年の夢を叶《かな》えることができたのです。

今回は、私のようなネガティブさんでもうまくいく引き寄せメソッドをご紹介します。ぜひマスターして、ネガティブとうまくつきあいながら、引き寄せの法則を実践してみてくださいね。

基本の3ステップ――まずは「決める」こと

ネガティブとうまくつきあいながら豊かさを引き寄せるメソッドの基本は、3ステップ。**「決める」「ネガティブを受け入れる」「決め直して行動する」**です。

ひとつめのステップは、叶えたいことに対して「決める」こと。自分がこうありたいという未来を「こうなる！」と先に決めてしまうのです。

私は、よくいわれる「願いは叶うと、心底信じれば叶う」の「信じる」の部分が、長年しっくりきませんでした。「その根拠はどこ

MACO

MACO

20代の頃から成功哲学を学び始めるが、何一つ願いは叶わなかった。ネガティブ思考の強かった自分自身にしっくりくる引き寄せのやり方を見つけ、そこから急に、現実が開けていく体験をする。現在は、引き寄せ実践法アドバイザー・メンタルコーチとして活動中。

公式ブログ「ネガティブでも叶うすごいお願い〜決めると無敵の人生に変わる！〜」https://ameblo.jp/hikiyose-senzaiishiki/

それでもOKです
お金持ちになれるのなんて特別な人…
いつもお金が足りない…

にあるの？」「なぜ、そんな確信をもてるの？」と考えてしまっていたからです。

だから、もう少し自分にしっくりくる、納得のいく方法を探しました。そこで出会った理論が「決める」でした。

「決める」ことで、私たちの脳は、いかにしてそこにたどり着いたらいいか、自動的に解析し始めます。たとえば、「今より年収の高い仕事につく！」と決めると、いつもと同じように過ごしていても、転職説明会の告知が目に飛び込んできたり、スキルアップにつながる専門学校のCMばかりを見るようになったり……脳のフィルターシステムによって、必要な情報が入ってくるようになるのです。こうした現象が起こることは、脳科学でも実証されているんですよ。

また、量子力学の視点でとらえると、「決める」ことで望みが現実化するしくみがわかります。量子力学では、宇宙に存在するすべてのもの、この本も、人も、目に見えない思考でさえ、どこまでも分割していくと、分子から原子になり、**最終的には素粒子《そりゅうし》というミクロなエネルギーになる**と考えます。

たとえば、あなたが上司に頼まれて企画書

をつくったとしましょう。これは、「企画書をつくるぞ」という意識のエネルギーが宇宙に放たれ、アイデア、パソコン、紙、プリンターなど、必要な要素の素粒子が固まり、一枚の企画書が完成したといえるのです。

「そんなの自分でつくったんだから引き寄せじゃない」と思うかもしれませんが、企画書ができるまでのプロセスは、あなたの「つくるぞ」という意識によって発生しています。つまり、企画書は、あなたが**「決める」ことで、現実化したもの**なのですよ。

ネガティブさんでも引き寄せ方しだい

感情が消えないときは、「オウム返し」で共感

望む未来を決めても、「年収が倍になる」「社長になる」など、スケールが大きな望みに対しては、「そんなのできるわけない」という感情が湧いてきますよね。月末の支払いが心配だったり、借金があったり、現在の自分の状況が望む未来とかけ離れていれば、なおさらでしょう。

そこでふたつめのステップ、「ネガティブな感情の受け入れ」をします。「受け入れる」といっても、ネガティブな感情にどっぷりつかって、味わうという意味ではありません。ただ**「自分はこんな感情をもっていたんだなぁ」と「気づく」**こと。感情は、あなたに気づいてもらいたがっているので、あなたが「そう思っていたんだね」と受け取ってあげると落ち着きます。

自分のネガティブな感情に気づいたら、今度はその感情を全肯定します。具体的には「そう思ってもいいんだよ」「つらかったね」「もう大丈夫だよ」と、**優しく寄り添うような言葉をかけてあげましょう。**こうすると、ネガティブな感情は癒《いや》され、「さようなら」と昇華していくでしょう。

この段階で、心がスッキリしていたら、次のステップに進んでも大丈夫です。でも、「やっぱりダメかも」という感情が繰り返し起こるときは**「共感」**が効きます。

たとえば、「転職して年収アップなんてムリかも。もう歳だから」「そっか、もう歳だから転職して年収アップはムリだと思っているんだね」というように、自分で自分に共感してあげるのです。ポイントは**「オウム返し」のように、感情の声と同じ言葉を繰り返す**ことです。

悩みごとを家族や友達に相談したとき、「そっか、つらいよね」「気持ち、わかるよ」と言ってもらえると、ふっと心が軽くなりますよね。それを自分で自分にしてあげましょう。

自分で自分に共感することは、人に話を聞

いてもらうのと同じか、それ以上に効果があるんですよ。

今できることに一生懸命に取り組む

「ネガティブな感情の受け入れ」の次は、3つめのステップ、「決め直して行動する」です。

お金に対するネガティブな感情を受け入れたら、次の瞬間には、**十分なお金を得ている自分を頭に思い浮かべてみてください**。これが「決め直し」になります。

お金を得ている自分をイメージしづらい場合は、「〝お金がある〟と〝お金がない〟どちらを選ぶ？」と自分に問いかけてみるとよいでしょう。選ぶことも決めているのと同じになるからです。

ふたたび望みを「決めて」宇宙に放ったら、次は「行動する」ことが大事です。私たちが「体」をもって生まれてくる理由は、宇宙が、私たちに、その体を使っていろいろな体験をし、いろいろなことを感じてもらいたいからなんですよ。つまり、行動しているほうが、望むものを引き寄せやすいのです。

「行動する」といっても、何か特別なことをする必要はありません。毎日のお仕事や、お掃除、お料理といった家事、読書、音楽鑑賞といった趣味など、何でもよいので、**今していることに集中するのも「行動する」こと**になります。いつもよりゆっくりお風呂に入ったり、コーヒーを丁寧《ていねい》に淹《い》れて味わってみるのもいいですね。

宇宙に放った願望を忘れてしまうくらい、目の前のことに一生懸命に取り組んでみましょう。そういった行動の積み重ねが、大きな変化につながっていきますよ。

繰り返し起こる不安は、潜在意識からのサイン

感情の受け入れと決め直しをしても、繰り返しネガティブな思考が起こることがあります。そうした強いネガティブ思考を手放すための思考修正の方法をご紹介しますね。

まず、**不安や心配といった感情が繰り返し起こるのは、「そこに気づきがあるよ」という潜在意識からのサイン**だと考えてみましょう。そして、「なぜ不安なの？」「何がいやなの？」と自分に聞いてみます。どうしたらいいか分からなくなってしまっているときは、**「〇〇について必要なメッセージをください」と聞く**といいでしょう。

自分に問いかけると、宇宙からのメッセージが届きます。誰かとの会話や、本、ブログの文章など、さまざまな形で、あなたに気づきをもたらしてくれるのです。そうして情報を受けとったり、アイデアが浮かんだときは、自信をもって行動に移しましょう。

また、起きたことや現状に対して、**よい未来が流れてくるように周波数を変える「意味づけ」**という方法もあります。たとえば、思わぬアクシデントに見舞われたときは、「ステキな結果を引き寄せるプロセスなんだ」、引き寄せが停滞している気がするときは、「もっと行動したほうがいいというサインかも」と、自分が望む意図のほうに意味づけするのです。こうして思考を転換するだけでも、ポンっと波動は上がるんですよ。

シンプルに、**ほかのことに目を向けて不安の割合を減らしてあげる**のもよい方法です。人は一度にふたつの相反することを考えられないもの。ゲラゲラ大笑いしながら、同時に何かを心配することはできませんよね。

「ネガティブな感情が支配しているな」と感じたら、すぐにできる小さな楽しみを自分

不安は潜在意識のサイン
自分の気持ちに気づいて！

に与えてあげましょう。お茶を飲む、好きなテレビ番組を見る、アロマを焚《た》く、ペットと戯《たわむ》れる、散歩する……そんな簡単なことでOK。少し気分が上向きになれば、ちゃんと引き寄せ力が高まっていきます。

　こうして思考修正をしながら、**ネガティブ思考の割合を減らしていく**だけで大丈夫です。思考全体を100としたら、ポジティブ思考とネガティブ思考の割合が50対50から、60対40くらいに傾き始めたときに、現実が少しずつ動き始めますよ。

さまざまな感情を感じ尽くすことが大切

　引き寄せは波動の法則ですから、**キラキラしたポジティブな波動を出していれば、同じようにキラキラした現実が引き寄せられます**。だからといって、いつもポジティブでいなければいけないわけではありません。

　私たち人間は「体」をもっていますから、つねに何かに「反応」しています。「反応」のなかには、悲しみや怒りなど、ネガティブな感情をもたらすものもあれば、楽しい、うれしい、ワクワクといった気持ちをもたらすものもあります。

　もし、「反応する」ことがなくなったら、ネガティブな感情はなくなるかもしれないけれど、楽しいことも、うれしいこともなくなってしまうでしょう。それって、とても残念なことですよね。だって、私たちは、あらゆる体験をして、さまざまなことを感じるために、この宇宙に生まれてきているのですから。

　喜怒哀楽の感情をもつのは、人間として当たり前のこと。キラキラしたポジティブな感情だけをもとうとするのではなく、**よいことも悪いことも、上手に感じ尽くすことが大切**なのです。どんな感情も丸ごと受け入れられるようになれば、あなたの引き寄せは、きっとうまくいくでしょう。

MACO ネガティブな人のための引き寄せパーフェクトBOOK

著者：MACO
出版社：宝島社／価格：1,300円（税別）
ネガティブな人でも使える引き寄せメソッドを盛り込んだ一冊。書いて引き寄せ、言葉で引き寄せ、ワーク、恋愛&結婚の引き寄せ、お金の引き寄せ方法などが網羅されているため、これ一冊でどんなにネガティブな感情や思考があっても引き寄せが叶う。

◆ポイント

- 自分がこうありたいという未来を「こうなる！」と先に決める
- ネガティブな感情は、肯定・共感することで昇華する
- 強い不安は「問いかけ」と、「意味づけ」で思考修正

食材パワーの開運飯で、運気がグンとアップする

「どんどん運気が上がる」と注目されている開運飯。
いつもの料理に、素材や調理法を少し意識するだけで、
金運や仕事運、恋愛運などがアップします。
家庭で開運飯を楽しんで、運気を呼び込みましょう。

食べた人の仕事運や恋愛運、金運も上昇した驚きの効果

私は自分が食べることも、料理を誰かに食べてもらうのも大好き。そんな私の開運飯が生まれたきっかけは、先輩芸人の藤井隆《ふじいたかし》さんがヒザを痛めたときのこと。早くよくなってもらいたくて、「鶏軟骨のつくね」を差し入れました。「痛めたところと同じ部位を食べるといい」という民間伝承から、メニューを選んだのです。その話をすると、藤井さんは「もっとたくさんの人に料理をつくってあげるべきだよ」とアドバイスしてくれました。

それから民間伝承や薬膳《やくぜん》、五行説《ごぎょうせつ》を勉強して、それらを取り入れた食事をつくるようになりました。すると、私の料理を食べた人たちから、「仕事の話がきた」「人生が変わった」「運気が上がった」という報告を次々と受けるようになったのです。

開運飯は、食事によって仕事運や恋愛運、健康運、金運、対人運をアップすることができます。たとえば、藤井隆さんのヒザの痛みが和らいでくれました。大の仲よしの椿鬼《つばきおに》奴《やっこ》さんは、開運飯を食べ始めて結婚したひとりです。博多華丸《はかたはなまる》・大吉《だいきち》さんの大吉さんは、開運飯をよく食べてくれます。「THE MANZAI 2014」での優勝を始め、今では幅広く活躍されています。また、ある番組でギャンブル運アップの料理をつくり、それを食べたのがバッファロー吾郎の竹若《たけわ》さん。その直後にパチンコに行ったら、大フィーバーしたそうです。みなさんの報告のおかげで、食べ物のパワーから運をもらうという原理を再確認できたのです。

薬膳と五行説を応用し食事の大切さを知る

開運飯のポイントは4つです。これを意識して、いつもの食事を少し見直すだけで、誰でも簡単に運気をパワーアップさせることができます。

ひとつめは**「薬膳を応用して病気を予防する」**こと。薬膳というと、漢方をイメージしがちですが、**私は「病気を未然に防ぎ、元気で過ごせるように配慮された食事が薬膳」と考えています。**つまり、相手のことを考えて食材を選び、調理することが薬膳であり、それがパワーとなって開運飯となるのです。

Seki Yoshie

ボルサリーノ 関 好江

1971年、愛知県生まれ。よしもとクリエイティブ・エージェンシー所属。山田真佐美とのコンビ「ボルサリーノ」として活躍中。芸人に振る舞う料理が評判で、食べると運気が上がると注目が集まる。ジュニア和食マイスター、薬膳インストラクターの資格を取得している。
公式ブログ／「ボルサリーノ関の『ぼるぼる』」
https://blogs.yahoo.co.jp/borsa_seki_blog

五行説で見た食材の分類

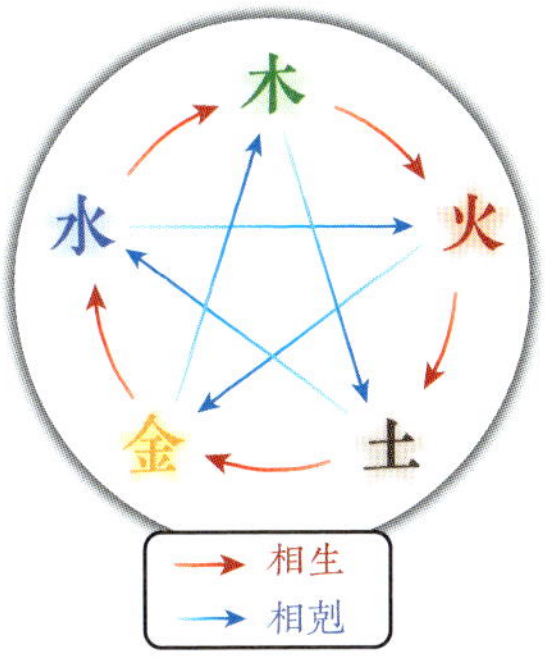

木	仕事運をもち、疲労回復や成長のパワーがある。鳥肉、葉物、梅、果物、麦由来のもの、酸っぱいもの。
金	金運をもち、悪い運気を断ち切る力がある。馬肉、乳製品、スパイス、乾物、辛いものなど。
火	恋愛運と勝負運をもち、脂肪燃焼の効果が。羊肉、トマト、鮭、焦げ目のあるもの、苦いもの。
水	対人運をもち、現状打破や美肌などの効果が。豚肉、魚、卵、豆、海藻、ゆでたもの、塩気のあるもの。
土	健康運と貯蓄運をもち、精神安定の効果が。牛肉、炭水化物、根菜、甘いものなど。

五行説で見た「相生」と「相剋」の性質

相生

- 木　木は燃えて火を生む
- 火　火は燃えて灰が生じ土になる
- 土　土の中で金が生じ、大きくなる
- 金　金の表面に水が生まれる
- 水　水は木を育てる

相剋

- 木　木は土から栄養を奪う
- 火　火は金を溶かす
- 土　土は水の流れをせきとめる
- 金　金は木を切り倒す
- 水　水は火を消す

ふたつめは**「五行説を参考にして食材の力を生かす」**こと。五行説は、世のなかのものを5種に分類した古代中国の考え方です。「木」「火」「土」「金」「水」の五行の要素がたがいに循環することで、物事が成り立っていると考えられています。それぞれに運気や色、食材や料理とも密接に関係しています。そのため、五行説にプラスして、調理法や色、形、栄養素も考えて調理しています。

その理論をまとめたものが上の図の表です。単体でもいいのですが、組み合わせることでさらにパワーアップします。うまく利用すれば運を味方につけることができます。

3つめは**「五行説による食材のパワーを利用しあう」**こと。**五行説はバランスがとても大切で、「相生《そうじょう》」と「相剋《そうこく》」という関係があります。**たがいに相手のパワーを強めたり、弱めたりする働きがあるのです。金運を上げるために、「金」の食材ばかりにすると、ほかの運気を焼き尽くしてしまいます。また、私は「相剋」がパワーを弱めるというよりも、「味をまろやかにする」と考えています。**この関係を利用すると、栄養も運気もバランスよくアップできるのです。**

金運アップおすすめレシピ

●大根もち（2人分）

材料

大根 10センチ　エビ 4尾

A
- 干しエビ 大さじ2
- だしの素 小さじ2/1～1
- 片栗粉 大さじ3　紅しょうが 適宜

B
- めんつゆ 大さじ2　みりん 大さじ2

作り方

1. 大根の半分を千切りにして塩を振り、水気を絞る。残りの半分はすりおろして軽く水気を絞る。
2. エビを細かく叩いて、**1**と**A**を加えてよく混ぜる。
3. **2**を丸く成形し、ゴマ油（分量外）をひいたフライパンで両面を焼く。
4. フライパンの油を軽く拭き、合わせた**B**を流し入れ、絡め焼く。お好みでねぎや一味を散らしても。

●パンの耳ガーリックラスク（2人分）

材料

パンの耳 4枚分
バター 60グラム
おろしニンニク 1片分
塩、黒コショウ、パセリ 適宜

作り方

1. フライパンにバターを入れて火にかけ、おろしニンニクを加える。
2. 香りが立ったらパンの耳を入れ、カリカリになるまで中火で炒める。
3. 仕上がりに、塩、黒コショウ、パセリを振りかける。

そして、最後に**「食べることの大切さを理解し、ベストなときに栄養を摂る」**こと。勉強するうちに、祖母や母から言われてきた民間伝承が、栄養や五行説とリンクしていることに気づきました。**食べる人の体調や状況に合った料理を、ベストなタイミングで食べることが大切です。**食事の本来の意義は、運気や体調をよくすることだと思うのです。

きのこやスパイスで「金」をパワーアップ

では、さっそく金運アップの開運飯を紹介しましょう。もっと収入を増やしたい、貯金がしたいといった**お金にまつわる運気を上げてくれるのは、五行説では「金」のパワーにあたります。**悪い流れを断ち切り、運気をガラリと変えたい人にも有効です。

食材は乳製品や馬肉、スパイス、ハーブ、きのこ類、乾物、辛いものなど。収支バランスを整えたり、メンタルを強める効果があるとされています。バブル崩壊後、スパイスを多く使うエスニック料理が流行しました。これは、世のなかの人びとが金運の変化を求めたために起きた現象だといわれるほどです。

食べると人生が変わる！ 開運飯

著者：ボルサリーノ 関 好江
出版社：マガジンハウス／定価：1,300円（税別）
おいしく食べて運気が上がったという人が続出中の開運飯。食べて幸せになる簡単レシピ83品を収録。恋愛運、金運、仕事運、健康運、対人運それぞれのレシピをわかりやすく紹介している。家庭でもつくりやすい料理ばかりで、日常生活に使えるレシピ本となっている。

おすすめの食材は、「ニンニク」。運気を変化させ、収入や活力もアップします。**きのこ類**は胞子《ほうし》で広がるため、**金運をより発展させる**パワーがあります。**「ハーブ」**は、浪費グセをストップさせ、**金運を育《はぐく》みます。「乾物、辛味、スパイス」も、パワーが凝縮された食材**です。「乳製品」のなかでも強力なのは**チーズ**です。今の**金運を変えたい人は、どの種類でもいいので積極的にチーズを摂取しましょう。**

具体的な金運アップメニューを紹介します。「パンの耳ガーリックラスク」はいかがでしょう。余ったパンの耳を、おろしニンニクを加えたバターでカリカリに炒めるだけ。

貯蓄を増やしたい人におすすめなのが「大根もち」です。土のなかで育つ根菜の大根は、貯蓄運が高い野菜。乾物の切り干し大根も含めて、積極的に使いたい食材です。

「木」の食材パワーと調理法で仕事運を上昇

金運アップを図るなら、仕事運も上昇させたいもの。自分自身を成長させ、仕事運をアップする「木」のパワーを使います。おすすめの食材は、バナナや梅干し、葉物野菜、鶏肉、お酢などです。そしてなんと、麦由来のビールも仕事運アップの効果があるのです。

春巻きなど巻いてある食べ物は学問の象徴なので、試験前に食べると効果的。また、混ぜるという調理法は、周囲からの協力を得ることを表します。梅干しと大葉、鶏むね肉でつくる「梅つくね」や、サバ缶と大葉とキャベツが具材の「焼き春巻き」がおすすめです。食材だけでなく調理法や食べ方を意識すると、さらにパワーアップできるのです。

このように、**いつもの家庭料理の食材や調理法を変えるだけで、運気がアップしていきます。**毎日の食事によって、楽しく幸せになれることを感じてほしいと願っています。

◆ポイント

- 毎日の食事に、薬膳や五行説の考えを取り入れるだけで運気が上昇
- 食材のほか、体調や状況も意識するとさらにパワーアップ
- 金運アップには、ニンニク、きのこ、乳製品、スパイスがおすすめ

お金の引き寄せ情報交換ミーティング①

金運の引き寄せって本当に効果あるの？

A華　みなさんは、金運の引き寄せをしていますか？

B美　金運に限定しているわけではないけど、部屋を掃除したり、ものを捨てることでの引き寄せは意識しているかな。

A華　効果はあります？

B美　あるよー。掃除し始めたらすぐに仕事や臨時収入があるって感じ。

C葉　片づけの引き寄せは効果あるよね。あと、お金は回るものだから、ここぞってときは迷わず使っています。お金を引き寄せたくて、親戚の入学祝いで思い切った金額を包んだら、すぐに臨時収入が入ってびっくりしちゃった。

A華　へぇ、すごい。本当にあるんですね。そういえば、ゲッターズ飯田先生も「運気が悪いときは、人のためにお金を使いなさい」って書いていますよね。

C葉　そうそう。自分のためではなく、人のためにする行動が幸せを導くって。すごく共感しました。

B美　じつは私、藤本さきこ先生の「設定を変える」って方法を早速やってみたの。そしたら、すぐ効果がありました。取引先を増やしたいと思っても、うまくいかない。どうしてだろう、どんな思いがあるんだろうと考えたら、「私、人と会うのが面倒くさいんだ」って気づいて、「面倒くさくてもいいから、人に会おう」って決めたの。そしてちょっと行動したら、すぐ新しい取引先ができて。すごく簡単に叶《かな》ったから、驚きました。

A華　私はどうも疑い深くって。つい、「行動したからじゃない？　本当に引き寄せなの？」って疑ってしまうんです。私も引き寄せたいと思ってるんですけど。最近、引っ越しましたが、思ったよりお金に困ってないかな、くらいだし。

C葉　どういうこと？

A華　高くなる家賃が心配でしたが、今のところ問題はない。でも、それが引き寄せの結果なのかどうかわからなくて。

C葉　わかりにくいかもね。でも、前よりスペースが広くなったし、片づけたから順調なのかもしれないよ。

参加者

A華

引き寄せ初心者。気遣い上手で社交的。自分の意見は主張しない、ことなかれ主義なタイプ。

B美

引き寄せ歴2年。おおざっぱで、面倒くさがり屋。ここぞというときは行動する、ちゃっかり者タイプ。

C葉

引き寄せ歴8年。物事を冷静にとらえて行動するタイプ。面倒見もよくてまじめで、穏やかな人柄。

B美　伊藤勇司先生の本にも書かれていたよね。床面積を増やすといいって。

A華　確かに。いらないものは捨ててスペースが空きましたね。それと偶然なんですが、引っ越し先が、私が前から住みたいって言っていたエリアなんです。

C葉　すごいじゃない！　それこそ、引き寄せだよ！　前から住みたいって願っていたことが、叶ったんだよね。

A華　うーん。でも、私が選んだだけのような気がしちゃうんですよね。

B美　その感覚、すごくわかる。結局、私が行動したからじゃない？　って思えちゃう。だけど、行動してもうまくいかないこともある。うまくいったら、それはすごくありがたいこと。「引き寄せ成功！」で、いいんじゃないかなぁ。

C葉　せっかく引き寄せているのに受け取らないのはもったいない！

A華　そうかもしれないですね。結果としてお金に困っていないし、望んだところに住んでいるのだから。

B美　引き寄せで現れるのは、お金だけじゃないからねー。私は、意外な人から贈り物が届いたり、家のなかでお金を発見したり。なぜか、ご近所さんから野菜をいただくようにもなりました。思わぬところから、思わぬ形で届くんですよ。

C葉　友人で、周りの人や家族、健康に過ごせたことにいつも感謝している人がいるの。本人も幸せだし、周りも幸せ、お金や運もめぐってくる。彼女を見ていると、感謝のエネルギーってすごいパワーがあるって思うのよね。まずは、何でも感謝してみることから始めてみるといいかもしれないね。

A華　感謝かぁ。前はやっていたんですけど。よし！　と思って始めても、すぐ忘れるし、なかなか続かないんです。

B美　わかるー。今回の先生たちにも共通して、「叶うまであきらめない」というのが基本としてある。わかっちゃいるけど、いつの間にか忘れちゃう。

C葉　それが人間ってもの。思い出したら、また始めればいいだけ。宇宙の器は広いので、大丈夫ですよ。

金運は思わぬ形で届いている!!
これうちでとれたの
おすそわけ！
食べてね♪
わー♪

好きなことを好きな時間に！
可愛く楽しく年収1000万円

どんな生き方をして、どんな人生を送りたいのか。
ビジョンを明確にすると、毎日の生活も豊かになります。
女性らしく、自分らしく、軽々と行動して、
理想の幸せと年収を手に入れちゃいましょう。

Miyamoto Yoshimi
宮本佳実

愛知県出身。アパレル販売、OL、司会者を経て、28歳で起業し、パーソナルスタイリストとなる。現在は、ワークライフスタイリストとして、会社を経営。セミナーや講演で、「可愛いままで起業できる」ことと、女性らしく幸せと豊かさを手に入れる生き方を発信している。
公式ブログ「好きなことを好きな時に好きな場所で好きなだけ♡」
https://ameblo.jp/beauteria/

週に実働10時間で年収1000万円を実現

私はワークライフスタイリストという仕事をしていて、セミナーや講座を開催したり、サロンの代表もしています。忙しく働いていると思われがちですが、実働は週2日、合計10時間ほど。年収は1000万円以上です。

仕事のない日はショッピングをしたり、本を読んだり、友人とランチに行ったり……。仕事もプライベートも本当に楽しい毎日です。

会社員だった頃は、アメリカの連続TVドラマ『セックス・アンド・ザ・シティ』の主人公、キャリーのライフスタイルにあこがれていました。満員電車で通勤し、上司の顔色を見て仕事していた私にとって、キャリーはあこがれそのものでした。

そして今、あこがれは現実になりました。時間にしばられず、好きな服を着て好きなときに仕事をする、映画版の「彼が一緒に住むマンションを買ってくれた」というくだりまで実現しています。

不満でいっぱいだった当時の私に、「大丈夫だよ」と言ってあげたいくらいです。理想の生き方を手にするために私がしたことは、**「自分を知る、未来を設定する、行動する、お金のマインドを変える、好きなことをとことんやる、自分自身を信じる」**こと。好きなことをして、思いどおりの人生を生きることで、理想の年収は実現できるのです。

理想の未来を描いて、毎日ワクワク楽しむ

普通のOLだった私が今、とても楽しく働いているのは「好き」を仕事にしたから。ショッピングとファッション誌を読むのが大好きで、28歳で起業したとき、オシャレが苦手な人にファッションコーディネートをアドバイスすることを仕事にしました。好きって不思議。「どうしたらお客様に喜んでもらえるだろう」と考えるのは、努力というより夢中になるという感覚でした。

そうして起業した私も、「1000万円稼ぐなら、バリバリ働かなきゃいけない」と思っていました。自分の時間がないほど仕事をする日々を送るうちに、「自分の生きたい人生って何だろう」と考えるように。出した結論は、「私は私のままで、女性らしく働いて豊かになりたい」でした。

幸せを基準に考えると、「**女性は、どう働くかよりも、どう生きるかを考えるほうが幸せへの近道になる**んじゃないか」と気づいたのです。すごい人にならなくていい。自分のままで、最高の幸せと豊かさを手に入れることに意味があります。あなたは自分らしい生き方、働き方をしていますか？「私はこの程度だろう」などと自分の人生に遠慮したり、あきらめていたらもったいない。あなたの人生は、あなただけのものなのです。

あなたは、どんな人生を送りたいのでしょう。海外旅行が大好きな人は、キャビンアテンダントにあこがれるかもしれません。子どもとの時間を大切にしたい人は、自宅でできるサロンや教室という選択をするかもしれません。安定した収入が安心な人は、会社員を選択してもいいんです。

もし今、何をしたらいいかわからない人は、自分の理想の未来、ビジョンをつくりましょう。まずは**理想のライフスタイルをイメージして、「理想の1日」をつくります**。起きたら朝日を浴びてヨガをする、昼はバルコニーでカフェオレを飲みながらゆっくり読書、午後はスターバックスでデスクワークなどなど。具体的に書くほど、潜在《せんざい》意識《いしき》にインプットされやすくなります。なんといってもウキウキワクワクすることがポイント。

私は、これを書いた数カ月後には、その生活を手にしていました。**「決める」ってこんなに効果があるんだ～**と感心したほどです。

では、その理想の1日をもとに、その先に広がる理想の未来（ビジョン）を思い描いてみてください。というと「私だったらこれくらいが妥当かな」「今の私が実現できるのはこれくらい」という遠慮がちなビジョンを描く人がとても多いんです。でも、自分の人生です。遠慮なんて無用。自由に描きましょう。

私も大変な時期がありましたが、いつも自分で描いた理想のビジョンを見て、自分をワクワクさせていました。新しいアイデアを考えたり、ブログを書いたり。そうやって楽しいと思えることを夢中でやるうちに、ビジョンが現実になっていたのです。

投げる球はルルル～と軽く、数を多く！が基本

では、その理想を実現するには、どのくらいの年収が必要か考えてみましょう。５００万円？　１０００万円？　それとも1億円？　その金額を手にするあなたは、どんな自分になっているでしょうか。**たくさんのお金を得るということは、自分の放つ大きなエネルギーとお金を交換するということ。**けっして労働である必要はありません。あなた自身が、キラキラワクワクしているパワーもエネルギーとなるのです。ハッピーな自分が思い浮かんだら大成功。さあ、今日からたくさんのエネルギーを届けるつもりでお仕事をしてみてください。会社員の方ももちろんです。愛を込めて、ひとつひとつの仕事をしていると、お金の流れが変わってきますよ。

ビジョンが決まっても、やろうと決めても、うまくいかないとき「人生のモンモン期」は誰にでもあります。そんなときは、ほんの少しでも動いてみることをおすすめします。小さな一歩でいいんです。**半歩進むだけでも、見える世界はガラリと変わります。**

大きな一歩にしようとしないこと。失敗したくないから、「あれもこれも準備してから」と思っていると、なかなか行動できなくなります。軽やかなくらいがちょうどいいんです。「投げる球は軽く、そして数を多く！」です。**失敗したら、違う角度から投げ方を変えてもう一度投げればいいだけ**です。

私も、たくさん失敗してきました。消えたブログもあるし、人気のなかったメニュー、集客に失敗したイベントなど、思いだせばキ

リがないほどあります。でも、私は石橋をまったくたたかずに「ルルル〜」と勢いで渡ってしまうタイプ。軽いから「じゃあ次はこうしよう」と次の球を投げることができるのです。思いの強い重い球では、失敗したときのショックが大きすぎて、次の投球までに時間がかかってしまいます。

とりあえず投げてみる。そのあとで投げ方やスピードを調整すればいいんです。女性らしく軽やかに。重いと可愛くないですよ。

お金と仲よくするにはテクニックも必要

今は理想の年収を実現している私ですが、30歳くらいまでは「私はお金に縁がない」と本気で思っていました。「お金がない」が口ぐせで、「こんなに働いているのに」と、お金に関して憤慨《ふんがい》していました。お金はいつもギリギリ、年収1000万円なんて遠い世界のこと。完全に「お金と仲がよくない」状態でした。お金と仲よくするには、恋愛と同じようにテクニックが必要。それを知れば、お金と仲よくなるのは簡単です。

ではなぜ、お金と仲よくなれないのでしょ

う。私たちは小さい頃から、「お金は節約しなさい」「お金を稼ぐって大変なこと」などと聞いて育ちました。「お金が好き♡」なんて言ったら、がめつい女と思われそう。だから、本当はお金がほしくてたまらないのに、表面では「お金に興味がない清楚キャラ」を演じたりして。そのそっけない態度こそ、あなたからお金を引き離しているのです。

男性が「君のことが好きだ！」とアプローチしても、女性が「興味ありません」という顔をしていると、相手はあきらめてしまいます。お金も同じです。

大人のいい女として信じてお金を送り出す

そして、**お金はいわゆる肉食男子ではなく、「草食男子」です**。特徴は、「来るものは拒まず、好きと言えば素直に寄ってくる、興味がないと言えば本当に離れていく、相思相愛になると一度離れても戻ってくる、疑うとすぐにいじける」といったところでしょうか。心のなかで「お金がほしい」と思っていれば気づいてくれると思ったら大間違い。草食男子であるお金は相当鈍感だから気づきませんよ。

ならば、「私はお金にモテて当然の女性よ」と振る舞い、先に「好きよ♡」と告白しちゃいましょう。**「私はお金にモテる価値のある女性だ」「ステキな洋服やバッグを身にまとうすばらしい女性だ」と、自分の価値を上げていくのです**。このマインドがしっかりしてくると、お金だけでなく、お金持ちの男性にもモテるようになります。

そしてもうひとつ。大人のいい女はお金と彼を疑いません。お金を出すとき、「もったいないな〜」という気持ちがじゃまをして手放せないということはよくあります。すると、お金を出し入れする間口がギューッと狭くなります。お金は入ってくる間口と出て行く間口が同じです。気持ちよく出して間口を大きく開けておきましょう。

「お金がなくなる」と思っているから、「もったいない」と考えます。「戻ってくる！」と信じてあげるのです。

「相思相愛になれば、手放してもちゃんと戻ってくる」のがお金です。「すぐにまた戻ってくるよね、いってらっしゃい」と信じて、笑顔で見送ってあげましょう。「行っちゃイヤ！　どうせほかの人のところに行くんで

日常に特別をちりばめよう
まるでドラマの
ワンシーンのように

しょ」と疑ってかかると、戻ってこなくなるのがお金と男というもの（笑）。

豊かさやセレブ感を先取りしてみる

お金をたくさん手にしたいなら、そういう自分を先に演出すると効果的です。たとえば、私の理想の部屋のイメージには生花がありました。また理想の生活を手にしていなくても、お花を飾って理想のイメージの部屋にしてしまうのです。すると、もっときれいな部屋にしようと、掃除にも気合いが入ります。きれいで心地いい部屋がさらに自分を豊かにしてくれるのです。

「セレブごっこ」もおすすめです。高級ブティックへ行き、いいなと思うものを手に取ってみる。もちろん、豊かな人になりきって。「お金がないから買えない〜」なんて言わないこと。「ちょっと考えます」と言ってお返しすればいいのです。**高級なものに触れ、素晴らしい接客を受けると、「豊かさマインド」は知らないうちにアップしています。**

日常生活に「特別」をちりばめると、楽しくなります。次第に、プチ贅沢が自分のライフスタイルとなり、自分を豊かにしてくれます。「すごくなったあなたになってから」ではなく、**今のままのあなたで始めていいのです。あなたは十分すごい、素晴らしいのだから。そして、行動しながら成長すればいいんです**。今からできること、どんな小さなことでもいいからぜひ試してみてください。

じつはこの世の中、「言ったもん勝ち」です。「私って可愛い」「私ってすごい」「私ってできる」って言ったもん勝ち。自分で自分の価値を認めたもん勝ちです。**少しの勇気を出して、自分の魅力をアピールしながら笑ってみてください。**絶対に、あなたを取り巻く環境が変わっていきますよ。

可愛いままで年収1000万円

著者：宮本佳実
出版社：WAVE 出版 ／定価：1,400 円（税別）
『セックス・アンド・ザ・シティ』のキャリーにあこがれていた、資格も学歴もキャリアもないアラサー女性が、理想どおりの仕事と生活、年収を手に入れた秘密を綴った一冊。女性らしく、自分らしく、軽やかに、楽しく理想を実現するノウハウが集約され、ワークつきで理解を深められる。

ポイント

- 理想の1日と、理想の未来（ビジョン）を思い描いてワクワクする
- お金は恋愛と同じ。自分から先に「好き♡」と告白しちゃうこと
- 豊かさを先取り♡ 理想の生活を取り入れたり、セレブ感を味わう

ワクワクのために出したお金は戻ってくる

お金を引き寄せるしくみは「先払い制」!?
生き方を180度変えて幸せをゲットしたタマオキアヤさんが、自身の経験をもとに、金運を上げる方法を公開。

不安を埋めるための出費は金運を下げる

私はブログの読者さんやセミナーの受講者の方に向けて、金運を上げるための方法としてこんな提案をしています。**「あなたの魂がワクワクすることのためだけにお金を使おう」**と。

たとえば同じ500円でも、ワクワクして使うか、適当に使うかで、満足感がぜんぜん違ってきます。では、どうして私たちはワクワクしないこと、価値が低いものにお金を使ってしまうのでしょうか?

それは、不安だからです。「ダサいと思われる」「認められない」「愛されない」など、さまざまな不安を埋めようとして、本当にほしいわけではないものにお金をつぎこんでしまうのです。

それでも、不要なものに囲まれていると、不安はさらに大きくなっていきます。その結果、またほしくもないものを買い漁《あさ》るという悪循環に陥《おちい》り、金運がどんどん下がっていってしまうのです。

いっぽう、ワクワクしながら買ったものは、それを使うたびに「キュン」とさせてくれます。このときに出る豊かな波動には、お金を引き寄せるパワーがあるので、金運アップにつながっていきます。

反対に、「安いから」という理由で買ったものの場合、「安いものしか買えない、かわいそうな私」だと感じてブルーな気分になり、波動も淀みがちです。淀んだ波動は、どんどんお金が出ていく現象を引き起こします。

ですから「自分は今、お金が出ていくサイクルにはまっている」と感じたときは、数日間の引きこもりをおすすめします。いったん社会から距離を置いて精神統一するのです。

そうして自分本来のリズムを取り戻すことができれば、ワクワクさせてくれるものだけ

Tamaoki Aya
タマオキアヤ

スピリチュアルコンサルタント、作家、講演家、実業家。1986年生まれ。大学卒業後、大手製薬メーカーで営業を担当するが、潰瘍性大腸炎を機に生き方を変えるためスピリチュアルを実践し、人生が好転。その後、退職し起業。現在、セミナーや執筆、物販事業などを展開中。
公式ブログ「現実で使えるスピリチュアル! 心のままに生きれば豊かになるのか?」https://ameblo.jp/jibunnikaeru/

同じ500円でも満足度は違う！
500
平成28年
しかたなく
コンビニの傘を買う
友達とお茶をして
楽しく過ごす

でいい、という気持ちになれるのではないでしょうか。

自分の「器」を広げていけば収入は増える

あなたがお金を引き寄せるために必要なものがあります。それは、引き寄せるのに見合う「器」です。器とは、自分の価値を自分でどの程度に見積もっているのかという「セルフイメージ」のこと。たとえば「**私は仕事内容や能力に関係なく１００万円もらうだけの価値がある」と思っている人のところに、１００万円がやってくる**ということです。

私は定期的に人員整理のある外資系企業でＭＲ（医薬情報担当者）の仕事をしていました。そこで病気になったことを機に、本音で生きることを始めました。すると現実がどんどん変わり、仕事の成績はトップになり、年収が１５０万円アップしました。意識を切り替えたことで金運が大幅に上昇したのです。

ですから、あなたも自分のセルフイメージを高くしてみませんか。器が大きいほど多くのお金を得られるのだから、器を広げてみましょう。そうすれば収入は増えます。

でも、収入といってもお金が入ってくるルートは給料だけではありません。また現金以外の形で価値あるものを受け取るケースもあります。家や車をもらったり、高収入のパートナーと出会ったりして、豊かさが増えることもあるでしょう。

大切なのは、「収入＝会社からの給料」といったように、お金が入って来るルートを決めつけないことです。こういった固定観念が金運をはねかえしてしまうからです。

全力を出してもエネルギーはなくならない

豊かさと引き寄せの関係には、こんなルールもあります。**全力で好きなことに取り組んでいると、「私は豊かだ！」という波動が大きくなり、その波動が多くの豊かさを引き寄せてくれる**のです。

魂が本気で「したい」「ほしい」と思っているのに、「すべての力を出し切ることはやめておいたほうがいい」と無意識のうちにセーブしている人は要注意。力を出し惜しみしていると、豊かさはどんどん遠ざかっていきます。ほどほどの力しか出していないときの波動は小さいので、得られるものも小さくなってしまうからです。

「力を全部出しきってしまったら何も残らないのでは……」と不安に感じている人は、安心してください。私たちの魂は宇宙とつながっているのでエネルギーは無限です。今ある力を全部使ったとしても、力はなくなりません。**私の経験では、むしろ空っぽにするほど新しい力が湧いてきます。**

ですから、豊かさを手に入れるためには、勇気を出して、いったん自分を空っぽにし、その先にあるものと向き合うことを提案します。そうして自分を空っぽにすれば、自分の才能や使命に気づくことができるのではないでしょうか。

才能や使命は、あなたに豊かさをもたらしてくれる貴重な「金脈」ともいえます。一見、お金に関係なさそうなことでも、金運アップにつながっていきます。

自分らしさを認めて、女性の感性を取り戻す

私には、自分らしさを認めるだけで現実が大きく変わる、という実体験があります。やる気が空回りし、会社で辛い思いをしていたときのことです。

あるとき上司に、「なんだ、おまえのそのしゃべり方。バカにしているのか？」と叱られ、ヘコんだことがありました。しゃべり方を否定されたことで気づいたのです。本来のふにゃっとした自分を否定され、私の魂は辛い思いをしていたことを、他人が教えてくれたのです。

私は会社員時代、「周りからどう見られているか」ばかり気にしていました。そのため心身ともに疲れ、やがて大病を患うことになりました。私はこのような辛い経験を経ましたが、金運も豊かさも、喜びを素直に表現できる人のところにやってくるものだということに気づくことができました。ですから、あなたは喜びを素直に表現してもいいんです。

ところが、感性が鈍ってしまい、自分らしさを認めることさえできなくなってしまう人もいます。自分らしさを認めるとは、自分は「これがうれしい」「これが楽しい」「これが好き」という気持ちを、胸を張って大切にすること。感性がやわらかさをとり戻すと、身の周りの小さな幸せも見えてくるものです。

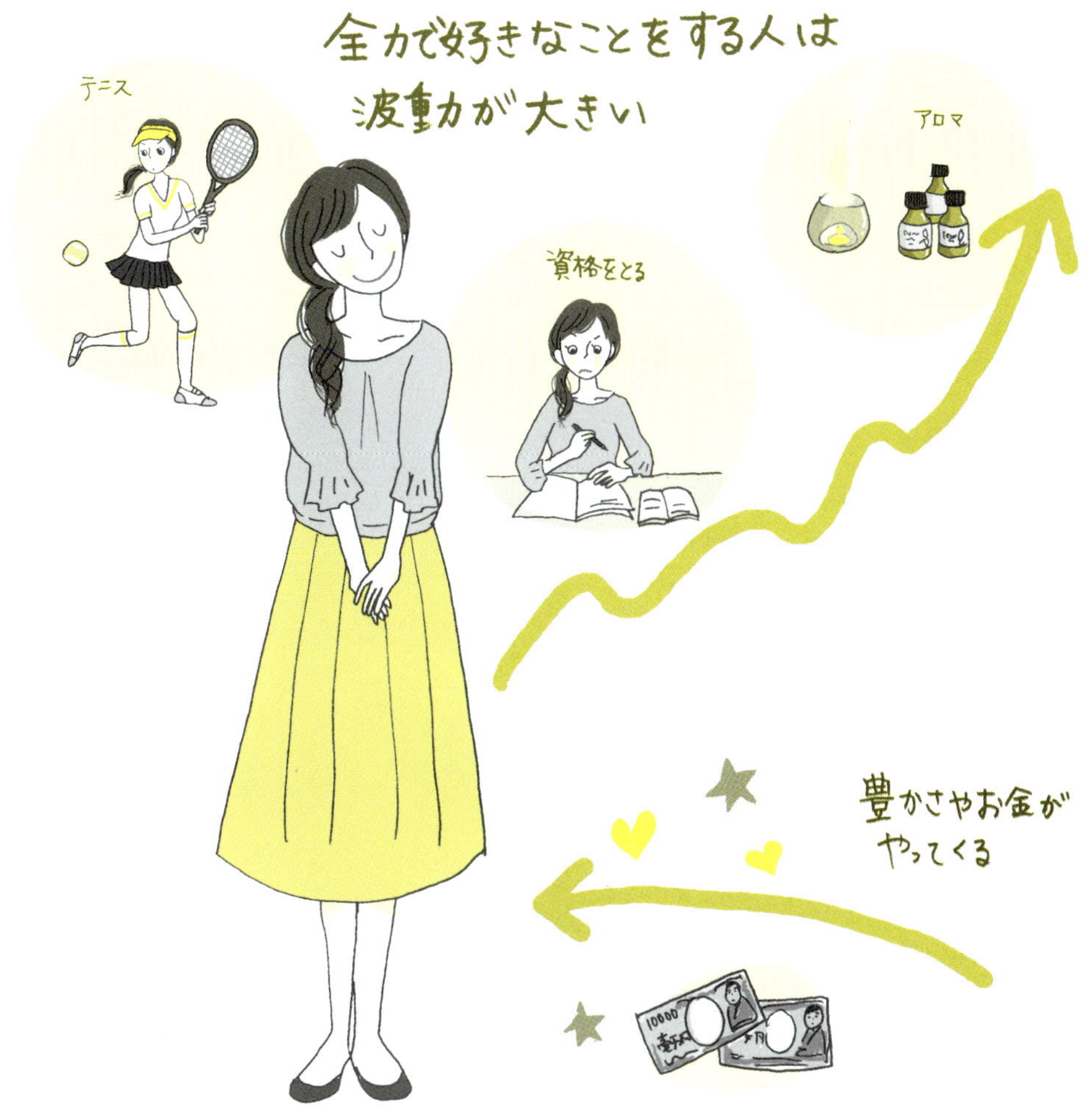

私たちは、自分が発する波動と同じものを引き寄せます。当時の私の波動は自己否定100%でした。つまり、私が職場で受け入れられなかったのは、自分で自分を認められなかったせいだったのです。

こうして原因と結果がわかったので、私は会社でも「自分らしくいる」ことを最優先するように変えたのです。その結果、少しずつ周りからも認められ、営業成績も上がり昇格しました。収入も増えました。

つまり、自分の心のあり方を整えたことで現実がガラリと変わったのです。「私って愛されるんですよね」という波動を出したから、「そうです」と返ってきたのです。

「お金は汚い」から「収入は表現だ」へ

こんな経験もありました。かつて私は「お金は汚い」といったように、お金に対するネガティブな思い込みをもっていました。でも、お金を遠ざけているのは、そういうネガティブな思い込みが原因だったようです。

会社員時代、病気を機に発想を転換。お金に対するイメージを、**「お金は汚い」**から**「収**

入は表現だ」に書き換えたのです。そして、「自分のやりたいことをやればやるほど収入は増える」と思うように変えていきました。

その結果、苦労せずにお金を稼げるようになりました。「お金は苦労して稼ぐもの」とは、ただの思い込みだったのです。「あれがほしい」「これをしてみたい」という気持ちを満たすためには、お金が必要です。ふたつの条件をクリアすれば、「ほしい分のお金はかならず入ってくる」と、私は考えています。

条件のひとつめは、何に使いたいのか、きちんとわかっていること。ふたつめは、お金がほしい理由が、「自分がワクワクするため」であることです。

自身が発する豊かな波動がお金を引き寄せる

私は会社員時代に、ビジネスクラスでイタリア旅行をしました。当時の私は「20代でサラリーマンの私に、ビジネスクラスなどムリ」と思っていました。でも、「フルフラットで寝られる席に乗ってみたい」と料金を調べてみたのです。

格安航空券で、ひとり27万円。この旅行は

お金も恋もするっと手に入る すごい秘密

著者：タマオキアヤ
出版社：KADOKAWA ／定価：1,300 円（税別）
「実践型スピリチュアル」で話題の著者による、女性の働き方と生き方を変える本。「仕事も彼氏も大事にしなくていい。一番大切なのは、自分の『魂』のご機嫌とり」と宣言する著者が、働く女性に伝えるため、スピリチュアルなメッセージをつづり、独自のメソッドを紹介する。

30歳の自分への誕生日プレゼントであり、愛する彼（今の夫）の分も出したいと思っていたので、ふたり分で54万円。ためらいもありましたが、それ以上に「やってみたい！」という思いが強かったのです。「ビジネスクラスなんて、私には贅沢すぎる」という思い込みを捨てて、彼と「ビジネスクラスで行くイタリア9日間の旅」を決行しました。

旅行費用だけで合計100万円ほどかかりました。それでも、旅行を機に「こんなふうに夢は叶《かな》うんだ。もっと自由に自分の心に従っていきたい」と思い、起業することにしました。

その直後に、旅費以上の収入を得たのです。私の場合、お金がほしい理由はすべて「自分がワクワクしたい」という気持ちからでした。だから、旅費に見合う分のお金を引き寄せることができたのでしょう。

ここで大切なのは、**お金がほしいと思ったとき、あなたの魂が本当にほしいと望んでいるものは何なのかを見つめ直すこと**。魂がワクワクすることを求めているのなら、それを実現するために必要なお金は手に入るのです。ただし、お金を引き寄せるしくみは「先払い制」になっています。つまり、先に自分でお金を出してワクワクを手に入れると、その分のお金が自然に返ってくるのです。

お金は循環しています。ですから、お金に「またすぐに戻ってこよう」という気になってもらうために、お金を使うときはポジティブな気分でいましょう。

心構えはこうです。**ワクワクすることにお金を使うとき、「お金が減る」ではなく目に見えない豊かさは増えている**と考えるのです。その豊かさを引き寄せるのは、あなたから出ている豊かな波動なのです。

ポイント

- **金運アップのためには、本当にほしいものを買うことが大切**
- **「がんばらなくてもお金をもらえる人」であることを自覚する**
- **自分らしくいることの価値に気づけば金運上昇**

あなたの財布を「開運財布」にする秘訣

開運コンサルタントの浅野美佐子さんは、
これまでに1万人以上の財布を見てきた経験から
「財布には神さまが宿る」ことを発見。
財布ひとつで金運がアップする方法を紹介します。

財布の神さまに好かれれば、人生は好転する

同じように仕事をして給料をもらっていても、お金がドンドン貯まる人と、まったく貯まらない人がいます。あなたは「どうしてこんなに差が生まれるのかしら」と不思議に思ったことはありませんか？

私はこれまでに、鑑定や「開運財布講座」をとおして、７０００人以上の運命と、１万人以上の財布を見てきました。また、たくさんのお金持ちの人と出会ってきました。

こうした経験から、お金持ちの共通点に気づきました。それは、**財布がとてもきれいであること、長財布であること、財布をとても大事にしていること**です。そして「財布に神さまがいる」と確信しました。財布の神さまに好かれれば、お金にも愛され、人生が好転していくことがわかったのです。

では、財布の神さまに好かれるにはどうすればいいのでしょうか？　そのひとつの方法が**「心のおもてなし」をすること**です。お金持ちは相手に渡すときや支払いするときのことを考えて、財布に新札を入れています。財布の神さまは、こうした小さな気遣いで相手を喜ばせる人のことが大好きなのです。

さらに、財布をとても丁寧に扱い、お金も大事にしています。お金を大事にする人は自分を大事にし、まわりの人も大事にします。その結果、人を大事にする循環が起こり、お金を運んできてくれるようになります。つまり、財布を大事にしている人は、お金と財布の神さまに好かれる人になれるのです。

投資したお金にプラスのエネルギーを乗せる

お金に愛される基本原理は「お金が大好き」と言葉にすることです。お金も「愛している」と言われるとうれしくなります。だから、人前で「お金大好き」と宣言しましょう。

お金の使い方にも秘訣があります。それは、自分を喜ばすため、大事にするためにお金を使うこと、つまり「投資」です。「生き金を使う」と言い換えることもできます。

ただし自己投資といえども、心が満たされないと浪費になってしまいます。「もったいない」「まぁいいか」という言葉が口ぐせになっている人は、これらの言葉が望まない現

Asano Misako

浅野美佐子

開運コンサルタント。外資系化粧品メーカーに11年、日本生命に5年間勤務し、いずれもトップセールスを記録。その後、密教を25年勉強し、運命鑑定を開始。15年で7000人以上の運命を鑑定してきた実績をもつ。現在、財布の選び方、使い方で金運を好転させる「開運財布講座」を開催。
公式サイト「愛されて幸せ豊かな未来を創る～愛もお金もぐんぐん引き寄せちゃう　レッスンセッション講座～」
https://unki-up.biz/

実を引き寄せ、知らないうちに消費が浪費に変わっているのかもしれません。

マイナスのエネルギーを乗せて使ったお金、つまり浪費は自分のもとには帰ってきません。そうならないために、**値段を気にしないで心から満足するものを買う**ようにしましょう。さらに、どうせ使うなら、心と身体が喜ぶことに投資することをおすすめします。

そして、投資したお金に対してプラスのエネルギーを乗せましょう。するとそのお金は「生きたお金」となり、めぐりめぐって、あなたのもとへ循環していきます。これがお金にドンドン愛されるようになる秘訣です。

こんな秘訣もあります。**どんなにお金を使っても、手元にお金が増えて戻ってくる人は、恩をもらった人が違う誰かに恩を送る「恩送り」をしています**。お金は「恩送り」をすることでぐるぐる回り、あなたのもとへ多くの友達を引き連れて戻ってくるのです。

毎日の財布メンテナンスで、金運がパワーアップする

ここからは金運がアップする財布の使い方、メンテナンスの方法を紹介します。まず、

財布もときにはパワー充電が必要！

財布に入れるお札は新札にしましょう。私も毎月一度、すべてのお金を新札に交換し、財布のなかもすべて新札にします。

そうする理由は、**新札はエネルギーが集まりやすい**からです。また、新札で支払えば、もらった相手は喜び、感謝してくれます。そして相手からありがたいエネルギーをもらえます。さらに、新札を丁寧に扱うようになります。お金に丁寧に接すると、自分自身に丁寧に接することにつながり、これを続けていれば、人生は好転します。

財布のなかの新札は、できることなら1カ月に1回は交換して、パワーの充電をしてくださいね。

次に、**財布のなかにレシートや割引券、ポイントカードなどお札以外の余計なものを入れない**ようにしましょう。お金は居心地がよい財布へ戻ってきたがるもの。財布をきれいにしておけば、財布の神さまを迎えることができ、金運はグーンと上がるでしょう。

財布に入れるなら、ポイントつきのクレジットカードを一枚だけにしましょう。これにキャッシュカードなど必要最低限のカードだけを入れるようにすれば、財布は身軽になり、財布の神さまが喜びます。

財布はきれいに保つだけでなく、日々のメンテナンスも大切。毎日、帰宅したら、まずカバンから出して「お財布ベッド」で休ませましょう。**財布の置き場所は、あなたのベッドルームの静かなクローゼットのなか、方位は北、北西をおすすめします。**お金は暗いところを好み、北と北西は「財」を司《つかさど》っている方位の場所だからです。

なお、「お財布ベッド」といっても、布団は不要で、タンスの小さな引き出しのなかにスペースをつくり、そこに置くといいでしょう。タンスも小さな引き出しもなければ、**腰より高い場所にケースを置いて、そこに財布を置いてください。**そうすることで、お金を安定させ、お金がドンドン増えて財となりますよ。また、財布はタンスやケースのなかに直に置くのではなく、きれいな布を敷いてその上に置くようにしましょう。布の色は、リセットの意味をもつ白か、最高位の色である紫をおすすめします。

財布を新調する・おろすのは「縁起のいい日」

財布を新しく買って「開運財布」にするための秘訣を紹介しましょう。これもすぐに実行できることです。

財布の神さまは、運気の上がる「縁起のい

お金にまつわる 4つの吉日

一粒万倍日	一粒のモミから万倍もの稲穂が実るような日のこと。お財布を買う、銀行口座の開設、起業、引っ越しなどが吉。月に4回〜6回ほどある。
天赦日	天がすべての罪を赦す日とされ、日本の暦の上では最上の吉日。何かをスタートさせるとよい日。年に5〜6日しかない。
巳の日	巳とはヘビのこと。弁財天の化身である白蛇にお願い事をすると弁財天に届けられる日。十二支の1日で、12日ごとにめぐってくる。
寅の日	虎は「千里行って千里戻る」という言葉があり、出て行ったお金を呼び戻してくれるという。十二支の1日で、12日ごとにめぐってくる。

い日」である吉日が大好きなので、**財布を買いに行く日は、縁起のいい日を選んでください。**吉日は「大安」以外に4つあります。

大安と並ぶ吉日の「一粒万倍日《いちりゅうまんばいび》」、日本の暦のうえで最上の吉日とされる「天赦日《てんしゃにち》」、金運・財運に縁のある「巳《み》の日」、最も金運に縁のある「寅《とら》の日」。これらの日は、神さまが応援してくれる開運日なので、財布を買う、財布を使い始める、銀行口座の開設などに最適です。

もし可能なら、4つの日のうち、二つ以上の吉日が重なる「最高吉日」の日に新調しましょう。さらに、**おすすめなのは、「最高吉日」と「新月」が重なる日**です。宇宙の結界が解き放たれ、宇宙を味方につける日である新月の日と、最高吉日が重なる日は、絶好の「財布日和」なのです。

また、**1週間のうちでお金をおろすのは、金曜日が最適**です。反対に、火曜日はおすすめできません。財布も同じで、火曜日に財布を新調するのは避けるようにしましょう。

財布を買う場所も大切です。おすすめは、神さまにとって居心地がいい「富喜《ふうき》」の高い場所です。

富喜の高い場所とは、土地のエネルギーが高く、吹き出している場所。簡単にいえば、**土地単価の高いところ、東京では銀座、大阪では梅田にあたります。**

銀座と梅田はどちらも日本古来の「おもてなしの心」を大事にしている場所。どうせ財布を買うなら、そのように運気のエネルギーがいっぱいあふれた場所で、おもてなしの心にあふれた店で買うようにしましょう。

反対に、財布を買うのにふさわしくないのはアウトレットやバーゲン品、中古品です。いろんな人の手に触れていて「欲しいのに買えない」「お金がないから売った」などの邪気がついている可能性があるからです。同じ買うなら、財布に直接に触れないように手袋をして財布を丁寧に扱っているお店で、新品のものを買うのが一番。まっさらな財布は、神さまが住むのに最適だからです。

自分の目的に合わせて財布を選ぼう

財布は長財布がおすすめです。お札を折らないだけでなく、よりいっそうお金を大事にするからです。また、小銭入れは別にもち、長財布と分けて使うようにしましょう。一緒に入れると、小銭のエネルギーがお札のエネルギーを弱めてしまうからです。

財布の素材は上品な革がおすすめです。生き物にはパワーが宿るからです。企業のトップはブランドに限らず、ツヤのある上質な革の財布を持っている人が圧倒的に多いですね。女性なら革にコーティングされている財布もＯＫです。逆に、ビニールの財布は避けてくださいね。風水ではビニールは「火」にあたり、お金を燃やしてしまうんです。

女性起業家でお金が貯まらないという人には、仕事用とプライベート用のふたつの財布を所有することを提案します。財布を分ければ公私混同しなくなり、どんぶり勘定から脱出でき、お金の収支がはっきりします。

開運財布には、素材、ツヤのほかに、色も重要です。たとえばパワフルにドンドン稼ぎ、同時にドンドンお金が出ていく経営者の人は、赤色や派手な財布を好む傾向にあります。赤いものや派手なものにワクワクするのは人間の本能ですが、お金を使うワクワクが勝ってしまい、お金が貯まらなくなるのです。

パワーがほしいときに赤を使うなら、財布以外のもので、ワンポイントだけ使うのがいいでしょう。どうしても赤や派手な財布を使いたい人は、小銭入れで使うことをおすすめします。

財布にいつもたくさんお金が入ってる！
その安心感、充足感

金運を上げたいすべての人に提案している財布の色は、ゴールドとシルバーです。金運を上げるなら、やはり金銀に勝るものはないといえるでしょう。

金銀以外なら、ラメが入っている上品な財布はおすすめです。また、「お金を貯めたい」という人には、茶色やこげ茶といった「土」の色も提案しています。風水の「五行」のひとつである土の色を使うことで、お金を増やす作用があるからです。

新しい財布を香りで清め、お金をたくさん入れてみる

財布を新調したら、まずはいい香りがする粉の「塗香《ずこう》」を少しふりかけましょう。いい香りはこびりついたマイナスエネルギーを浄化し、ポジティブ思考をもたらします。

また、財布にいい香りがするものを入れると、金運・仕事運がよくなります。財布もお金も塗香で清め、いい香りをまとわせることで神さまに愛されますよ。

さて、新調した財布を塗香で清めたら、次は「100万円分の新札」を用意してください。できない人は、千円札×100枚の「10万円」、千円札×20枚の「2万円」でもかまいません。あなたが、いつも入っているとうれしい金額を入れてみましょう。**お金がいっぱい入っているのが当たり前の状態として、財布に覚えさせる**のです。新札を用意するときは、縁起のよい日にしてください。おろしたお金は、塗香をひと振りして清めたあと、財布のなかに逆さまに入れます。

その後、「お財布ベッド」で21日間以上寝かせます。21日間続けたことは習慣になるからです。こうして財布と一体感を覚えることが大切です。なぜなら、財布はあなたの器であるからです。

お金とはつまり、あなた自身のこと。そして財布はあなたの器であり、家です。財布の神様と仲よくすることは、「あなたの器」を磨くレッスンになります。人生が好転するとき、きっとあなたは財布の神さまが「あなたのなかにいる神さま」だと気づくでしょう。

愛もお金も引き寄せたいなら
財布の神さまと仲良くしなさい

著者：浅野美佐子
出版社：すばる舎／定価：1,400円（税別）
財布にも神さまが宿っており、その神さまと仲よくなれば人生は好転する。その鍵は毎日使う財布にあった。7000人の運命と1万人以上の財布を見てきた開運コンサルタントの著者が、財布ひとつで人生と金運が上昇する方法を公開。金運を上げたい人は必読の1冊。

ポイント

- 財布に入れるお札を新札にすると財布の神さまに愛される
- 財布をおろす、新調する日は「縁起のいい日」にする
- 財布やお金を大切にすることは自分の器を磨くレッスンになる

神さまからのゴーサイン！波動でいいこと連発ライフ

「なんかいい！」を感じたら、それは神さまとつながる「いい波動」が発生しているから。「幸せが連続する波動コントロールの秘訣《ひけつ》」「神さまからの直通電話」「パワースポット」を見つけて、ステキを呼び込みましょう。

なんかいい感じ！神さま！ありがとう！

理由はわからない、けれど、まるで**「神さまからのゴーサイン」**が出ているように、物事や人間関係などが、おもしろいくらいスムーズに運ぶときってありますよね。

また、その逆パターンも。じつは、その差は目には見えない「波動」が関係しているのです。

この世界のあらゆるものは「波動」を発していて、たがいに感応しながら生きています。たがいの波動エネルギーが合えばＯＫですが、合わないと違和感を覚えるのです。

笑ってしまうほど運がよくなるコツって、じつはとってもシンプル。

いい気分でいるときには、「いい波動」が出ていて、それが「いい現象」を引き寄せているのです。

つまり、「いいこと」がつぎつぎ起こる人になりたければ、いつも「いい気分」で生きること。すると、ステキなご縁や願ってもないチャンスが舞い込んできます。波動をコントロールして、**「私は守られている。サンキュー神さま！」**と実感できることが次々起こる人になりましょう。

金運、恋愛運、結婚運あらゆる運が自由自在

波動には、スイッチのオンオフはなく、つねに自動発信されています。なんとなくいい感じでしっくりくる、なんとなくいやな感じでしっくりこない。

これは、無意識に波動を感じとっているからです。

また、波動には同じ波動同士が集まるという特徴があります。

つまり、**自分が発する波動しだいで「運」も自由自在になる**というわけ。金運、恋愛運、結婚運などをよくしたければ、いい波動を出していれば運はどんどんよくなり、自動的に開運していくのです。

心地のいい波動が出ている状態は、本来の自分としっかりつながっていて、もれなく**「神さまとの直通電話」につながっている**ということ。

神さまの波動とリンクしているので、この状態で思いついたアイデアなどは、開運につながる神さまからのメッセージととらえていいでしょう。

Chamereon Takeda

キャメレオン竹田

波動セラピスト、作家、占星術研究家、イラストレーター、旅人であり、株式会社トウメイ人間製作所の代表取締役も務める。自分の波動を整えて、開運していくコツを日々研究し、国内外のパワースポット、聖地をめぐりながらのワクワク開運、次元上昇がライフワーク。

公式ブログ「キャメレオン竹田オフィシャルブログ」https://ameblo.jp/oopochisan/

LINE QR コード

波動をよくする四大原則

「今、この瞬間に集中して、今を心地よく生きている」ときが「波動がいい状態」です。波動がいい状態でいれば、何かに迷っても、つねに自分の心が選ぶほうを選択することができます。

また、何かいやなことがあっても、最終的に自分の気分がいい状態にシフトすることができます。

そのために、神さまとのつながりがグッと強くなる「波動をよくする四大原則」を覚えておきましょう。

①自分が出した波動が返ってくる

同じ波動同士は集まる性質があるので、いい波動は「いいこと」を呼び、よくない波動は「よくないこと」を呼んでしまいます。

②すべてのものから波動が出ている

人と同じで、空間、動物、植物、物質などから出ている「いい波動」をキャッチしましょう。

③波動のエネルギーは高いほうから低いほうへ流れる

川の流れのように、自分より波動が高い人といると「いいエネルギー」が自分に流れてきます。

④「ない波動」はない現実をつくり、「ある波動」はある現実をつくる

心の中で「ある」「足りる」と思えば「ある現実」がやってきます。

四大原則を実行する四つの方法

「神さまとのつながり」をグッと強くするための「波動の四大原則」を具体的にどう実践すればよいか。その四つの方法も教えちゃいますね。

①今この瞬間を気持ちよく過ごす

できるだけ長く、気分がいい状態をキープし続けることがポイントです。今、この瞬間から心地いいほうを選択することから始めてください。また、人を喜ばせたり、相手の幸せをイメージすると「幸せ波動」が出て、やがて自分にも幸せがやってきます。

②心地いいものに囲まれる

身の周りに「いい波動のもの」を集めましょう。ショッピングするなら、「気分のいいとき」「波動の合う定員さん」から買うのがいいですね。

③一緒にいると「元気になれる人」とつき合う

プライベートな人間関係については、自分にとって、波動のいい人を見つけてください。その人の習慣を取り入れるのもいいでしょう。

④いつでも「ある」と思って暮らす

「お金がない」という波動を出していると、「ない現実」が起こってしまいます。「ある！ ふつうにできる！ 問題なし！」と思ってい

れば、勝手に安心の波動、余裕の波動が出てきます。この大安心の構造が開運のポイント！

マイ・パワースポットで金運波動の循環を

一度手に入れたお金、恋人、仕事、名声などには、手放したくないという執着心が生まれます。執着心から、しだいに「苦しい波動」が出て、不安、恐れ、心配などの現実が連続してしまうおそれがあります。

〝しがみつく〟ことは波動を停滞させ、運の停滞につながります。地球も天体もぜーんぶ回っているように、**波動も循環《じゅんかん》させることが大事**です。

とくに金運アップのためには、**「お金」を「ありがとう券」と思って、血液のように、停滞させないで循環させること。**「感謝の波動」が目に見える形になったものがお金ですよ。

そして、何かを手に入れたときには、その何かに関わったすべてに「ありがとう！」です。すべては循環！　循環！

お金が自分にめぐるようにするには、「ありがとう券は大好きだ」「ありがとう券をい

Empower Your Life

お金は「ありがとう券」循環させて金運アップ

ただくことは、とてもうれしい」など、いい波動を出しましょう。**「ありがとう券を気持ちよく出す」**こともいいですね。

　つまり、笑顔でスイスイと支払うと、笑顔でスイスイとお金が入ってきます。ただし、散財はいけませんし、お金で心が満たされるわけではないので、要注意です。

　苦しい波動の浄化ができて、運気アップできる場所、波動エネルギーが高くて心地がいい神社やパワースポットに出かけるのもおすすめ。お出かけして、循環させましょう。

　自分にピッタリのパワースポットにめぐり合うヒントは、**「なんかいい！」「ピンときたから行く！」という感覚**です。さらに、おいしい食事とセットにして出かけると、より波動が上がります。

　リラックスできて素敵なアイデアが降ってくる空間なら、神社やパワースポット以外でもＯＫ。行った後の余韻《よいん》まで楽しめれば、その場所の波動はあなたにとってグッドということです。

　私にとってグッドな、おすすめのパワースポットはたくさんあります。ここでは、その一部を紹介しますね。

・**天安河原《あまのやすかわら》（宮崎県高千穂《たかちほ》町）**
……天照大神《あまてらすおおかみ》が岩戸《いわと》に隠れてしまったとき、八百万《やおよろず》の神が集まった神話の里です。

・**二見興玉《ふたみおきたま》神社（三重県伊勢《いせ》市）**
……浄化力が半端ないです。お伊勢参りのスタート地点で、すごい「禊力《みそぎりょく》」を感じました。

・**熊野那智《くまのなち》大社（和歌山県那智勝浦町）**
……最強の浄化力といわれています。熊野三山めぐりでかならず行っておきたい一社です。

・**豊川稲荷東京別院《とよかわいなりとうきょうべついん》（東京都港区）**
……大黒天さまに水をお供《そな》えすると波動がアップ！

・**新屋山《あらややま》神社・奥宮《おくのいん》（山梨県富士吉田市）**
……富士山の二合目にあり、ここから富士山の姿を眺めれば金運アップ効果あり。

・**竹生島《ちくぶじま》神社（滋賀県長浜市）**
……琵琶湖《びわこ》に浮かぶ離れ島。ここで、蛇を

神さまとの直通電話
運がよくなる《波動》の法則

著者：キャメレオン竹田
出版社：三笠書房（王様文庫）／定価：650円（税別）

いいことが連発する人の秘密とコツは波動にあった！　シンプルでわかりやすい運がよくなる波動の法則、神さまとのリンクや会話の仕方、国内外のパワースポット紹介と盛りだくさんの内容。波動の状態を確認できる波動チェックリスト、「神さま直電の波動シール」つき。

見かけたら、金運アップのチャンス！　とても歓迎されている印だからです。

ただ、行きたくないのに、誘われて仕方ないから行く、というのはあまりおすすめできません。自分からいやな波動が出てしまうので、パワースポットに行ってもいい波動はやってきてくれませんよ。

神さまとのトークは、声を出すのが基本です！

この世のすべてのものから波動が出ているので、言葉自体にも波動が乗って、現実をつくり出しています。さらに口に出した言葉は、そのまま宇宙に注文されて、神さまに届いているのです。

遠慮しないでバシバシオーダーしていいので、**神社では「声に出して神さまトーク」を心がけてください**。周りに人がいないときを見計らってね。

新月のときに願いをかけると叶《かな》いやすいとされていますが、それは波動がスッと入りやすいから。新月のときは、「もしもし！　神さま！」って感じで、発する言葉が極めてストレートに宇宙に届きますよ。

最後に自宅でできる浄化と波動エネルギーアップの仕方をご紹介。基本的に波動のエネルギーは左手から入って、右手から出ていきます。**パワーをもらいたい場合、人や物に左手で触れる**と、そのパワーがあなたに流れてきます。逆にあげたい場合は、右手で。

渦を描くことによっても、自分の波動を入れたり出したりできます。入れる場合は右回り、出すときは左回りです。

神さまとリンクして、自分の心に「いい波動」を感じさせ、「いいことが連発する人」になりましょう！

◆ポイント

- **いい気分が「いいこと」を呼ぶ！　幸せを連続させる原則は四つだけ**
- **神社やパワースポットめぐりでは、おいしい食事もセットで楽しむ！**
- **神さまとのトークは声に出して！　遠慮しないでバシバシオーダー！**

エネルギーの魔法で夢を叶え、人生を輝かせる

宇宙に存在するエネルギーには、願いを叶える不思議な力が宿っています。
あなたのなかに眠る「エネルギー使い」の記憶を呼び覚まし、
自由にエネルギーを操って、
豊かで幸せな人生をつくりだしましょう。

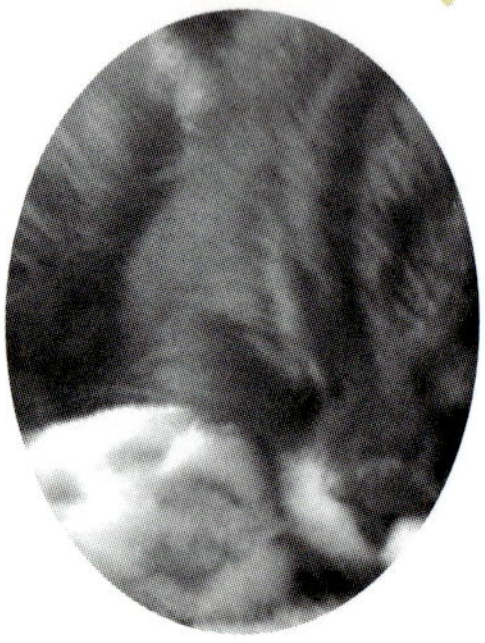

Masayo
まさよ

魂カウンセラー。ある日、大きな光に包まれる経験を通じて見えない世界のしくみを知る。その１年後、姿なき不思議な存在に「あなたは人に向き合う仕事をする」と告げられ、魂カウンセラーの道へ。
公式ブログ「愛しているよ 大好きだよ」
https://ameblo.jp/itigomicanuri/

神様から預かったエネルギー使いの記憶

目に映る、映らないにかかわらず、**宇宙にあるものがすべてエネルギーでできている**ことを、あなたはご存じでしょうか？　そして、エネルギーの不思議な力を使えば、願いを叶え、人生を自由につくりだせることを——。

そんな話を聞くと、あなたは「エネルギーの力を使えるのは特別な人だけでは？」と思われるかもしれませんね。大丈夫、ちょっとしたコツさえつかめば、エネルギーは誰でも自由に操れるものなんですよ。

なぜなら、あなたのなかには**「エネルギー使い」としての記憶が眠っている**から。それは、あなたが見えない力を操って、自由に世界をつくりだすために神さまから預かった記憶なのです。神様の記憶を思い出して、エネルギーを操り、人生を輝かせる人のことを、私は「エネルギー使い」と呼んでいます。

今回は、どんな人でも簡単にエネルギーを感じることができるワークをご紹介しますので、ぜひチャレンジして、あなたの心と体をエネルギーで満たしてあげてください。きっと、あなたのなかのエネルギー使いとしての記憶が、どんどん蘇《よみがえ》ってきますよ。

目的に合わせて使えるエネルギースパイス

そもそもエネルギーとはどんなものなので

ほしいエネルギーを自分のもとに呼ぶ

しょうか。私は、**エネルギーとは「光の粒子の集まり」**だと考えています。そして、ただそこに存在しているだけで、意思をもっていない……つまり、よい、悪い、高次元、低次元といった区別はないと思っています。

　そうはいっても、人の感情にはポジティブなものとネガティブなものがあるため、人が放つエネルギーにも、質の違いがあるように感じられますよね。ところがこれも、根本は同じエネルギー。質の違いはないのです。

　ただ、**「うれしい！」「楽しい！」という感情を抱くと、魂の振動数が大きくなる**ため、エネルギーは伸びやかに、遠くまで飛んでいきます。反対に**「憎い」「怖い」といった感情の場合、魂はぎゅっと縮んでしまう**ため、飛距離が短くなります。ですから、誰かがあなたに憎しみを感じていたとしても、あなたまで、そのエネルギーが届くことはありませんので、安心してくださいね。

　エネルギーに質の違いはありませんが、花には花のエネルギー、龍には龍のエネルギーというように、そのエネルギーならではの「個性」はあります。そうしたエネルギーの個性は**「スパイス」**のようなもの。オムレツに塩コショウやケチャップなど、いろんな味つけをして楽しむように、エネルギーも自分好みのスパイスで味つけできるのです。

たとえば、「金運を上げたいな」というときは、金運アップのお手伝いをしてくれる金龍と金星のエネルギースパイス、心を前に向かせたいときは、元気をくれる太陽のエネルギースパイス……といったふうに、あなたの**目的に合わせて、いろんなスパイスのエネルギーを使うことができる**んですよ。

最強のエネルギーを「脳裏」と「声」で呼ぶ

エネルギー使いになるには、まず、「エネルギーの存在に気がつくこと」が大切です。「エネルギーがここにある」と感じて、エネルギーの存在を認め、信じましょう。

そして、ほしいエネルギーを自分のもとに呼ぶには「脳裏《のうり》」と「声」を使います。「脳裏」とは、頭のなかのイメージを思い浮かべる場所のこと。私たちの脳裏には、目に見えないエネルギーと瞬時につながることができる能力があり、**脳裏に思い描くことができるものは、すべてつくりだせる**のです。

さらに、エネルギーは「音」に反応します。ほしいエネルギーの名前を声に出して呼ぶことで、自分のもとへ降ろすことができるのです。

エネルギーが来たかどうかは、**「じんじん・ビリビリ」とした感覚**で確かめることができます。そうした感覚がつかめたら、ちゃんとエネルギーが届いている証《あかし》です。

また、この世に存在するすべてのエネルギーはおたがいに絡み合っていて、大小無数の渦巻《うずま》きをつくっています。この渦巻きの形をしたエネルギーの塊は、いわば「最強のエネルギー」。これを自分専用のエネルギーにしてしまえば、いつでも自由に「最強のエネルギー」を使うことができます。

この**自分専用のエネルギーを、私は「自分フィールド」と呼んでいます**。さあ、さっそく、自分フィールドをつくってみましょう。

1、足を肩幅くらいに開いて立ちます。このとき、風や太陽など、私たちを生かしてくれているすべてのエネルギーが、自分をとりまいていることをイメージしましょう。

2、片手を上げ、人差し指を立てて、綿あめをつくるときのように、頭の上で大きく回します。すべての生命のエネルギーを束ねて、渦巻きをつくるつもりで！

3、脳裏に渦巻きのイメージができたら、「自分フィールド」のできあがり。好きな色や名前をつけてくださいね。

脳裏に自分フィールドを思い描けるようになったら、今度は、その自分フィールドを、あなたの頭のなかから外に出して、遠くの宇宙に存在するものとしてイメージしましょう。このイメージがしっかりできるようになって初めてエネルギーが動き出します。はるかかなたの宇宙に存在している自分フィールドを、あなたは「脳裏」を通して眺めている、そんなイメージをもつとよいでしょう。

金龍＋金星のスパイスを加えて金運アップ！

宇宙に浮かぶ自分フィールドをイメージできるようになったら、**「エネルギーを自分に流す」**ワークを実践してみてください。このワークは、エネルギーワークの基本となりますが、ここでは自分フィールドから降ろしたエネルギーに、金運アップの「金龍」と「金星」のスパイスを加えて流す方法をご紹介します。目安時間は10分から20分。リラックス

した気分で行ないましょう。

1、椅子《いす》や床に座ります。膝の上に、手のひらを上にして置きましょう。

2、脳裏にキラキラ光る自分フィールドを思い描きます。そこはすべてのエネルギーが集まっている場所です。

3、「さぁ、金龍と金星のエネルギー、ここへおいで!」と声に出して、手のひらにエネルギーを呼びます。すると、脳裏に浮かぶ自分フィールドから、あなたの手のひらに、エネルギーが降りてきます。

4、手のひらが重くなったり、しびれたりしたら、エネルギーがやってきた証です。「私のところに来てくれてありがとう」と声をかけてあげましょう。

5、その手で、自分自身の体を抱きしめます。すると、あなたの手のひらから、エネルギーが体に染み込んでいきます。

6、手をパンパンと叩きます。これでワークは終了です。

いかがでしたか? 手のひらに、エネルギーの手ざわりを感じられたでしょうか?

エネルギーを流すとき、人によっては心と体に違和感を覚えるかもしれませんが、これは「好転反応」とよばれる現象。偶然が重なって起きた不調のことが多く、エネルギーのせいで何かの症状が悪化するということはありませんので、ご安心を。

　また、頭がクラクラしたり、ぼーっとしたりすることもありますが、これは「エネルギー酔《よ》い」といって、車酔いのようなもの。車酔いは自分の視覚や感覚が車の揺れに合わないときに起こりますが、それと同じように、自分のエネルギーと異なるエネルギーを受けたときに、体が敏感になり、反応するのです。エネルギーを流すうちに自然と馴染んでくるので心配はいりませんが、エネルギー酔いがひどいときは、安全のために車の運転などは控えるようにしましょう。

お金の悩みを解消し、天職を見つける方法

　ワークによってエネルギーを流すだけでなく、**普段からエネルギーを意識した生活を送ることも大切**です。そうすることで、不思議な力が、あなたの悩みを解消するお手伝いをしてくれますよ。

　たとえば、お金の悩みがある人は、お金のエネルギーを大切にしましょう。その方法は、とてもシンプル。お給料をくださる会社や社長さん、お客さんを思い描き、感謝します。「こんな安い給料では感謝できない」と感じていたら、それは会社や人ではなく、お金に対して不平不満を言っているのと同じこと。ぜひ、**10円でも1円でも、お金をいただけることに愛と喜びを感じてみてください**。

　お金を払うときも**「このお金を手にした人が幸せになってくださったら」**と思いながら、手放してみましょう。すると、心に喜びが湧き上がってきませんか？　その喜びのエネルギーが幸せなお金を連れて、あなたのもとに返ってきてくれますよ。

　また、スピリチュアルの世界では、**お金を循環《じゅんかん》させることが大切**だといわれています。好きなことに使って、また新しいお金を得る。そのために、お金をもうけるのはよいことだとされています。

　でも、どうせなら、自分の好きな仕事でお金を得たいと考える人が多いのではないでしょうか？　もし、魂がワクワクするような「天職」を見つけたいと思うなら、まずは「何をしているときが楽しいかな、うれしいかな」

ポジティブな感情は
魂の振動数を高める

Empower Your Life

と自分に問いかけてみましょう。

そうして心がうれしくなることをしてみてください。おしゃれなカフェに行くのが好きなら、休日にカフェをめぐり、感じたことをブログに書いてみるのもよいでしょう。

仕事のご縁は、ふとしたきっかけで生まれるもの。あなたの魂が喜ぶ時間が増えると、その喜びのエネルギーに誘われるように、福の神や幸運の女神のエネルギーが集まってきて、幸せなご縁をつないでくれるでしょう。

世界はひとつの大いなるエネルギー

エネルギーの存在に気づき、エネルギーを感じられるようになったあなたは、エネルギー使いとしての一歩を踏み出しました。これからは、いつでもエネルギーがあなたの味方になってくれますよ。そして、エネルギーと仲よくなると、あることに気づくはずです。

それは、**宇宙には、何ひとつ隔たりはなく、すべてはエネルギーでできている**ということ。空に輝く太陽も、闇夜を照らす月も、風に揺れる草花、静かな森や空を舞う鳥、目には見えない神社の神様、天使、妖精……何もかもがあなた自身であり、そして私自身。怖いことも、清らかなことも、自分より優れているように見えるあの人も、すべてが宇宙と同じ、大いなるエネルギーなのだと。

そのことに気づくと、自分がエネルギーをいただいて生かされていることに、胸の奥深くから感謝の気持ちが湧いてくるでしょう。誰かをうらやんだり、ねたんだりする気持ちもなくなるでしょう。そして、豊かで幸せな人生はエネルギーによって自由につくりだせるのだという、神さまから預かったステキな記憶を思い出すはずです。……ほら、今も、あなたの周りには、愛のエネルギーがあふれ、キラキラと輝いていますよ！

あなたの中の神さまが輝き出す！ エネルギーの魔法

著者：まさよ
出版社：永岡書店／価格：1,300円（税別）
エネルギーは「使い方」さえ知れば、誰もが自由に操れて、科学では説明のつかないような摩訶不思議な奇跡を起こせる。本書では、エネルギーの使い方を図解やイラストを交えてわかりやすく説明。人生にどう取り入れていけばよいのかを紹介している。

◆ポイント

- エネルギーを「脳裏」に思い描き、「声」に出して呼ぼう
- 「最強のエネルギー」を集め「自分フィールド」にしよう
- 「天職」を見つけるには魂が喜ぶ時間を増やそう

※お金の引き寄せ情報交換ミーティング②

本当にほしい金運を手にするには？

A華　みなさんの周りでも、お金の引き寄せをしている人っていますか？

C葉　結構いると思うけど、本当に親しくないと、「やっているよ」とは言ってくれなくて。日本の風潮なのかもしれないけど、「お金にガツガツしている」って思われたくないって心理があるのかなと。

A華　なるほどー。だから、みんなこっそりやっている、と。

B美　うん、こっそりやってる。そこで、おふたりに聞きますが、どのくらいのお金を引き寄せたいって思っています？

C葉　あまり金額で考えたことがないなぁ。満足いく生活ができて、好きなことができるくらいのお金があればいいって思っています。

A華　そうですよね。生活に困らない程度のお金があればいいですよね。

B美　私もそう思っていました。でも、かずみさんの本に「ジャイアンのようにほしいものは全部手に入れていい。遠慮なくお願いすればいい」とあったんです。そんな風に考えたことなくて。「6億円受け取ってもいい」と、本当に思えるのか、みんなはどうなのかなって。

A華　6億円と聞いても、「ムリ、夢のような話」って考えますね。本当にほしいとは思えないというか。

C葉　そうか。「私はブロックをかけてない」と思っていたけど、知らないうちに「これくらいでいい」という、お金のブロックをかけていたのかも。「困らない程度」って思っているから、そこそこの引き寄せしかできないんだよね。

B美　そうなんですよ！　だから今、「そこそこ」のお金を手に入れて、不自由しない生活をしているんです。ちゃんと、思っていることを引き寄せているんだなぁと実感しちゃいました。

A華　でも、本当に6億円を手にしたら、どうしたらいいかわからない。まだ、6億円を受け取っていいという自分になるには時間が必要かな。

C葉　いきなり6億円はムリだとして

参加者

A華

引き寄せ初心者。気遣い上手で社交的。自分の意見は主張しない、ことなかれ主義なタイプ。

B美

引き寄せ歴2年。おおざっぱで、面倒くさがり屋。ここぞというときは行動する、ちゃっかり者タイプ。

C葉

引き寄せ歴8年。物事を冷静にとらえて行動するタイプ。面倒見もよくてまじめで、穏やかな人柄。

も、1000万円とか1億円から練習すればいいのかもね。

B美　でも、お金の話はどこかタブー

というか、気軽に話せる人は少ない気がします。もっと話せる環境があれば、チャチャっとお金の引き寄せができるようになるかもしれないのに。

A華　ブログの広告（アフィリエイト）でがっつり稼いでいる友人も、あまり人には言わないですし。やっぱりお金のことは話しにくいよね。

C葉　だから、SNSやブログなんですよ。ネットなら気軽に話せて、疑問や不安にも誰かが答えてくれるし、あきらめそうになったら励ましあえるし。

B美　お金そのものを引き寄せようとすると、抵抗があるというか、何か違う気がする。6億円が入ったら豪邸に住むとか、世界中を旅行するとか、夢ある若い子を応援するとか、福祉施設に寄付するとか。その先をイメージするといいかも。どう思います？

C葉　お金そのものよりも、お金で何がしたいのかを具体的にイメージするほうが大事ですよ。結局は、「お金の心配はしたくない」というベースがあるから、「心配ない程度」の引き寄せになる。だったら、「6億円を手にして何をしよう」と、楽しいことに意識を向けたほうが引き寄せやすいと思います。

A華　タマオキアヤ先生が「本音で生きることにしたら年収は150万円アップした」と書いていたでしょ？　やっぱり数字で表すとわかりやすいね。

C葉　それが素直に言える環境があるといいんですけど。

B美　みんな「幸せになりたい。お金の苦労や心配をしたくない」から、金運を引き寄せたい。お金はないより、あったほうがいいし。でも何より、6億円を受け取れる自分を手にしないと、引き寄せられませんよ。

C葉　まだ抵抗があるなぁ。「お金の引き寄せ」を真剣に考えると奥が深いってことに、今回初めて気がつきました。

貧乏の箱から抜け出せば、愛もお金も手に入る!

潜在意識を変えて、貧乏の箱から脱出すれば、愛もお金も手に入ります。無意識のうちに貧乏を選択している自分に気づいて、お金持ちマインドを身につけましょう。

貧乏無意識の箱を脱出し、自尊心を芽生えさせる

私は「心の花嫁学校」とよばれるマリアージュスクールを経営し、結婚や素敵な恋愛をしたい方を対象に、講座を開いています。そんな私がお金について本を出版するきっかけになったのは、講座を受けていた方々から、「昇格、昇給した」「いい職場に転職した」「経営者と結婚した」など、お金にまつわる報告がたくさん届くようになったからです。

みなさん、お金がほしいと思って講座を受けていたわけではありません。ですが、**潜在意識が変わり、自尊心をもつことで、「愛もお金も手に入った」**のです。

この「お金」「豊かさ」が手に入るメカニズムに気づいたときは感動しました。そして、この心震えるすばらしい循環を多くの方にも伝えたいと思い、潜在意識を変えてお金を増やすメソッドを完成させたのです。

お金が貯まらない、増えない人には共通点があります。それは、潜在意識のなかにある無意識の貧乏意識、**「貧乏無意識」**です。

「私には価値がない」という**間違った価値観が刷り込まれ、いつの間にか「貧乏無意識の箱」に閉じ込められている**からです。

じつは、私自身も引きこもりの経験があります。自分には価値がない、役にたたない、生きていても仕方がない、邪魔な存在だ、と思い込み、外出すらできなくなった。

そんな私も「貧乏無意識の箱」から出て、自尊心をもったことで、心が楽になり、自由になり、外出できるようになり、自分を表現できるまでになったのです。私と同じように、誰もが「貧乏無意識の箱」から出ることはできます。

Saito Yoshino
斎藤芳乃
一般社団法人「潜在意識学協会」代表知事。マリアージュスクール主催。月間110万PVを集める人気ブロガー。花嫁学校で延べ40000人以上の悩みに向き合ってきた経験と潜在意識学を駆使した独自の「お金を増やすメソッド」で愛とお金を手に入れた体験者続出中。
公式ブログ「Mariage School 心の花嫁学校」https://ameblo.jp/yoshinosaito/

貧乏無意識の箱の存在にまずは気づきましょう

お金が増えないのは、その人が「貧乏無意識」という見えない「箱」に閉じ込められているからなのです。

頭で考えるよりも先に無意識にやってしまうことがありませんか？　たとえば、ボールが飛んで来たら、思わずキャッチしたり避けたりしてしまうとか。

お金にネガティブなイメージをもっていると、**お金というボールがやってきても思わず避けてしまったり、逆に貧乏というボールを思わずキャッチしてしまったりします。**

お金自体は悪くないはず。なのに、お金のない人ほど、「お金は汚い」「怖い」「敵だ」などとネガティブなイメージをもって、無意識に遠ざけている。つまり、誤った潜在意識が自分を「貧乏無意識の箱」に閉じ込めているのです。

箱に入ってしまったのは、あなたのせいではありません。小さい頃から、まわりの箱に入っている人たちから、自分と同じように箱に入れと言われてきた結果です。そこから出るために、まずは、この「貧乏無意識の箱」に気づくことから始めましょう。

「才能がないからこの程度しか稼げなくて

当然」「女性だからこの仕事に挑戦するのは難しい」「学校の成績が悪かったから社会に出てもどうせダメだ」こんなふうに思ったことはありませんか？　こういった**価値観や考え方が箱**なのです。

そして箱から抜け出すためには自尊心が必要です。自尊心を得るためのワークはいくつかありますが、今回は自尊心の素になるエネルギーを得るワークをご紹介しますね。

①落ち込んでいたときのことを思い出す

まずはそのときのやるせなさ、悲しさなど感じてみましょう。

②がんばってきたことを思い出す

誰も気づいてくれなかったけど、がんばった自分を思い出してみてください。

③がんばった自分をほめてあげる

自分をぎゅっと抱きしめて、「誰も見てくれなかったけど、確かに私は見ていたよ」などの言葉をかけてみてください。

温かな気持ちが湧いてきませんか？　それが自尊心の素になるエネルギーなんです。自分の価値をしっかりと潜在意識に認めさせれば、「貧乏無意識の箱」から脱出する準備はOKです。

お金のイメージアップでメンタルブロックを解除

次は、お金に対するメンタルブロックを解除します。「貧乏無意識の箱」から脱出するために、**お金に対するネガティブイメージをポジティブに変換する**メソッドです。

お金持ちがもつお金のイメージは、「気持ちいいもの」「大切なもの」「可能性をくれる」「それだけがすべてではない」「あれば楽しい」など。**ポジティブ、またはニュートラル**にとらえています。

お金に対するネガティブイメージをお金持ち思考に変えましょう。ワークでは、最初にあなたがもっているネガティブなお金のイメージを思い浮かべます。

次にそのネガティブイメージを**「悪いお金の使い方をする人」に対するイメージに変えてください**。さらにあなたがよいと思っているお金の使い方をイメージします。

よい使われ方をしたお金の効果を考えてみてください。そのお金で誰かが救われ、笑顔になったかもしれません。

安心感、温かさ、優しさなど、よい感情が生まれ、最初にもっていたお金に対するネガティブイメージが、じつは悪いお金の使い方をする人に対する嫌悪感だったことに気がつくはずです。

「豊かさ」とは、必要なものではなく、「プラスアルファ」の価値観。必要最低限以外のものはすべて「おまけ」なのではないでしょうか。そう思えるようになってくれば、「貧乏無意識の箱」からの脱出は目前です。

朝1分の引き寄せ方法 ――アファメーション

「貧乏無意識の箱」のまわりにあったのに、手に入れられなかったお金。箱から脱出したら、その流れをよくしているだけで、どんどんお金が入ってくるようになるはずです。

お金は豊かさのエネルギー。じつはお金には流れがあって、ポジティブに感じられるものに対して支払われる、ということになっています。**お金のやり取りは、「ポジティブな気持ちのやり取り」**なのです。これを知っていれば、自然と豊かさの流れを自分に取り入れられるはずです。

「見返したい」など、動機にネガティブな

気持ちがあっても、**「よいことをして見返したい」と潜在意識の動機をポジティブに変換。**他人の役に立つ方法を考えてお金を使えばよいのです。

また、「貢献した分、キチンと自分が評価されたからお金を受け取る」と自覚して、ルール化しておくのもいいですね。欲をもたない人には、お金が流れてこないことも覚えておきましょう。

本当にお金を手に入れるための仕上げのワークがあります。それが**「アファメーション」**です。

「アファメーション」とは、**希望や願望をすでに叶えていると断言し、繰り返し唱える**こと。潜在意識に働きかけ、現実化する効果があります。「誰かのために貢献したので、受け取れて、よかった」というふうに、感じながら唱えるのがコツです。

「私は今日までこんなにもがんばってきた。ありがとう。だから、今までの苦労が報われていい」

「私は自分が思う以上に、今までたくさんの人を幸せにしてきたし、たくさんの人に貢献してきた。その対価を今、受け取っていい」

Empower Your Life

年収500万円が3000万円！愛がお金を引き寄せた

「私はもう、箱に入るのをやめ、私の魅力や私の才能を出し惜しみすることをやめます。そして、そうした私として、評価されて生きることを許します」

どれかひとつでいいので、毎朝、1分間だけ、起きがけに言葉にしてください。

さらにお金の流れをよくする秘訣は使い方にあった

最後はお金の受け取り方と使い方。お金への嫌悪感が解消されても、お金に対する欲に抵抗がある人は、うまくお金を受け取れません。

抵抗がある人は、こう考えてみてください。ある人に貢献したら、お礼にりんごをもらいました。きっと、「ありがとう」と言って受け取るでしょう。そのりんごはお金の変わりになっただけ。

お金は単なる紙で、感謝のチケットなのです。だから、りんごと同じように「ありがとう」と言って受け取ればいいのです。お金は正しい受け取り方をして、純粋な気持ちで使えば、自然に寄ってきます。

使うときは、これは私の命だということを自覚して、命が心から満たされるようなものにお金を払いましょう。また、「これは誰かの命、可能性や努力の結晶なんだ」と、感謝しながらお金を払うのもいいですね。

純粋な気持ちで使うことも大切です。「きちんとした対価」「幸せなもの」と考えて使えば、お金から好かれますよ。

そして、忘れてはいけないのが、私たちは**ひとりで生きていく必要はない**ということ。どうしてかわからないけど、いつも人に助けてもらえる人っていますよね？　その人は**共存がとても上手**なのです。だから人からも豊かさをもらうことができます。

人とうまく共存していく、助けてもらうにはコツがあります。それは**「助けてもらいたいポイントが明確」「助けるか助けないかを相手に任せる」「相手を信頼する」**の3つ。

「もうどうしたらいいのかわからなくて……助けてください」と言われるよりも、「この仕事が時間までに終わらないので助けてください」と言われたほうが動きやすいですよね。頼み方も、「絶対に助けてくれ！」のようなニュアンスだと、わがままと思われるかもしれません。また、相手の能力を頼りにし

たった4日間で潜在意識を変え、お金を増やす本

著者：斎藤芳乃
出版社：PHP研究所／定価：1,300円（税別）
潜在意識を変えるだけで、自然にお金が増える。夫の給料が年間150万円アップ、ふつうのOLが外資系企業にヘッドハンティングなどの体験談も。潜在意識にある「貧乏無意識の箱」から脱出し、自尊心を高めることで、愛もお金も手に入る。1日1章、たったの4日間読むだけメソッド。

てお願いしているかどうか、というのは相手にも伝わるものです。

　こうやって人に助けてもらい、自分も相手を助けるようにすれば、さらにお金のめぐりはよくなるんですよ。

この本を手にした瞬間から潜在意識が変わり出す

　お金で愛を買うことはできないけれど、お金があることで、最終的に本当の豊かさを手に入れることができるのです。この本との出会いもその流れのなかにあるのかもしれません。**この本を手にした時点で、すでに箱から出る準備ができている**と思えたらステキですね。

　お金が嫌いだったのは、汚いやり方で回している人が嫌いだった。私は今までたくさんの人に貢献してきた。ここまで読んで、少しでもそう思えたとしたら、すでに、あなたは潜在意識は「貧乏無意識の箱」から出ています。そして、お金持ちの潜在意識が生まれ始めているのです。

　未来にはあらゆる可能性と希望が待っています。あなたのしたことは感謝され、それが目に見える形、ステキなプレゼントやお金となってあなたに返ってきます。それを心からの感謝とともに、受け取りましょう。

　ふつうのOLだったTさんは、外資系の企業にヘッドハンティングされ、年収500万円から3000万円になりました。バツ2から優しい経営者と出会い結婚し、家を買ってもらった主婦のMさん。ここで紹介したメソッドは、**お金もですが、そんな出会いにもつながっています**。彼女たちのように、ステキな人との出会いも叶えちゃいましょう。

ポイント

- **潜在意識の改革で自分の価値に気づく**
- **願いがすでに叶ったように唱えるだけで金運上昇**
- **人とうまく共存すればさらに豊かになれる**

神さまに愛されるように願いを3行に書くだけ

ありのままの感情をノートに書き、3行にまとめる。
これだけで、自分の本当の想いや願いに気づき、
お金の神さまに可愛がられるようになるのです。

Fujimoto Sakiko
藤本さきこ

1981年、青森県出身。(株)ラデスベリテ代表取締役。累計3万人を動員した「宇宙レベルで人生の設定変更セミナー」を主宰する人気講演家。月収10万円、4人の子どもをもつシングルマザーから、わずか2年で月収1,400万円に。年商3億円を超える実業家でもある。
公式ブログ「女性性開花 お金の神様に可愛がられる方法」https://ameblo.jp/petite2325

自分の感情をノートに書くと、人生が変わる

「大好きな子どもたちとゴロゴロしながら、簡単にザクザク稼ぐ大金持ちの幸せな美女」。これが私の人生の設定です。そう決めてからわずか**2年で、月収10万円から月収1400万円になりました**。抱えていた感情をごまかさずにノートに綴《つづ》っただけで、毎日がどんどん変わっていきました。頭で考えているだけでは、手にできなかったことです。

私が人生を好転させるために行なったのは、次の3つをノートに書くことです。

1. ありのままの今の自分を「明らめる」

2. 今の気持ちを全力で「感じる」

3. 望む世界の設定を「決める」

これだけです。ありのままの自分を明らかにして、感じて、決める。この3行に今の自分のすべてを集約して書いていきます。

最後に、赤色のペンで「神さま、最善の方法で願いを叶えてくださり、ありがとうございます」などと、神さまにお願いします。まだ叶っていなくても、叶ったかのように書くのがポイント。「願いが叶うルートは神さまにお任せ」にしておくと、だいたいいつの間にか叶っています。

願いが叶ったら「叶いました！ ありがとう！」と、追加で記入します。自分なりのルールで、楽しく続けることが大切です。

用意するのはお気に入りのノートとペン。

カバンに入れてもち歩き、いつでもどこでもノートに書きこんでいます。セミナーや講演会に来てくれた方から、「ネットショップの売上が激増しました」「集客に苦労しなくなりました」など、うれしい報告をたくさんいただいています。これも、3行ノートを実践した成果なのです。

設定を変えると本当の望みが実現する

では、具体的に書き方を紹介します。

1．明らめる

まずは、ありのままの自分の想いや感情をノートにぶつけます。ほかの誰にも見られないノートです。素直に想いのままに書くだけでも気分がスッキリしたりします。

2．感じる

1で感じた想いや感情をそのまま受け止めます。その上で「本当はどうしたい？」と自分に問いかけます。

3．決める

2を踏まえて、どうするかを決めます。最後にこの3つを3行でまとめます。

今の自分を明らかにすることで、自分でも

無意識のうちに決めてしまっている「設定」を見つけます。なんとなくトラブルに巻き込まれる、イマイチ望む世界に届かないと感じている人は、無自覚につくっている「今の設定」が原因かもしれません。

たとえば、ある日の私のノートには、「レシートの整理をしたら、生ジュースばかりつくっていて食費がすごい。でも、健康は自分への投資だし！　だけど……」などと書いています。いろんな感情のなかでも「すごい」に着目して掘り下げました。

「どうしてすごいと思うの？→思ったより多いから→なぜそう思うの？→食費は月3万円と決めているから→この金額をどう感じている？→せつないなぁ→どうして？→豊かな食生活がしたいのに」というように、「なぜ？どうして？」と掘り下げていきます。

そして、気づきました。そもそも豊かな食生活は私の願いであり、すでに手にしていたということ。でも、「食費は月3万円まで」という設定があるから、願いが叶っていたのにモヤモヤしていたのです。締めくくりの3行は、次のようにしました。

1．明らめる→「食費は月3万円を超えてはならない」という設定がある。
2．感じる→せつない。豊かな食生活がしたいからお金をかけたいのに。
3．決める→生活レベルに応じて、これからも豊かな食生活をする！

「3．決める」の内容が、新しい設定です。私は、この流れを「設定変更」と呼んでいます。これ以降、安心して生ジュースを楽しめるようになり、今では予算を設定せずに好きなものを食べています。

いかがでしょう。とっても簡単だと思いませんか。こうして設定変更することで、本当の自分の想いに気づくことができます。それが、どんどん現実になっていくのです。

無意識の設定に気づくと、人生が好転する

私の人生が劇的に変化したのは、「無自覚にしていた設定」に気づいたからでした。お店を始めたころの私は、お客様にも取引先にも「すべての人に好かれなきゃ」と必死でした。でも売り上げは伸びず、がんばればがんばるほど苦しくなり、しだいに追い込まれていきました。

自分の意思とは違うところで何かが起きている、うまくいかないのはなぜなのか。ここで初めて、自分の気持ちをとことん掘り下げて、「明らめる（ありのままの自分を見る）」ことをしてみたのです。

みんなに好かれたいのは、嫌われたくないから。でも、何をしても「結局、私はいつも嫌われてしまう」と思い込んでいたことに気づかされました。私自身も知らなかった私の設定は、「いつも嫌われてしまう」だったのです。だから、「好かれたい」という気持ちを前提にすると、嫌われないように必死になり、毎日が苦しくなってしまうのです。

そして、**ノートに書いて客観視することで初めて、「みんなに嫌われて打ちひしがれている私」に浸《ひた》っている自分に気づきました。**そう、悲劇のヒロインを楽しんでいたのです。

これに気づいたときは、かなりショックでした。でも、状況が変わらないのなら「もうこの気持ちを味わうのはやめよう」と決めました。しだいに「嫌われてもしかたがない」と思えるようになっていきました。

すると、苦手なママ友との縁が切れたり、ショップの売り上げが伸びたりと、瞬《また》く間に

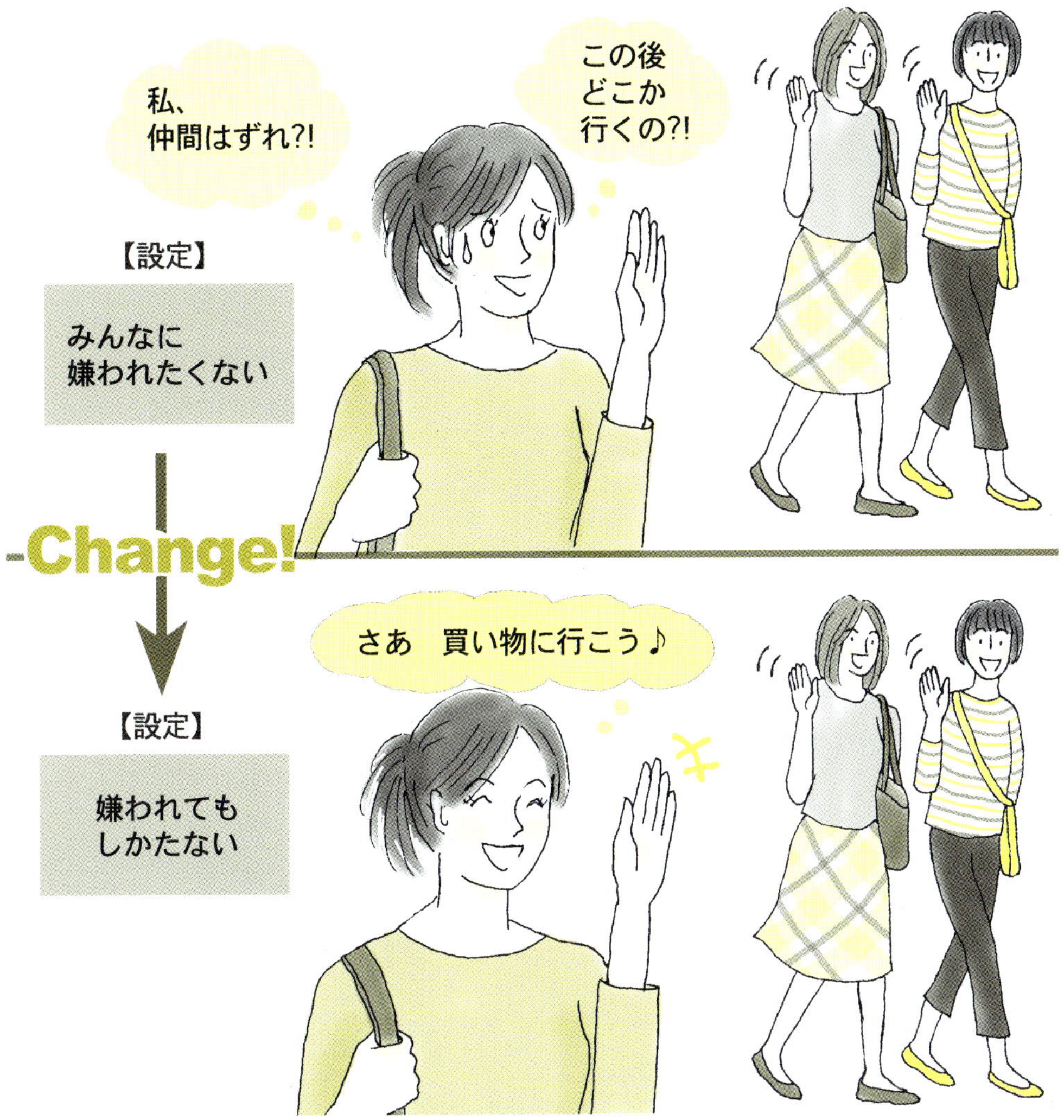

状況が好転していったのです。このとき「変えるべきは、想いや感情ではなく設定だ」と確信しました。そのために、ノートに素直な気持ちを書くのです。書くことでぐちゃぐちゃな頭のなかがスッキリと整理され、しだいに設定していることが見えてきます。

残念な自分を見つめると、本心が見えてくる

自分を明らかにするとき、フォーカスするのは「自分の幸せ」です。「他人から見た自分」ではありません。**「収入を増やしたいのはなぜ？　なぜ人から成功していると思われたいの？」と展開していくと、他人目線が抜けた自分目線にたどり着きます**。それが、自分の本心を知ることにつながります。

イライラも悲しみも、悔しい気持ちも、悪口も八つ当たりも、全部吐き出すようにノートにぶつけましょう。途中で気持ちがあふれてきて、「あーっ！　もう！」ってなることもあるでしょう。それでいいんです。

「ムカつくけど、まぁいっか」とか、「悲しいけど、早く忘れよう」など、マイナスの感情は、ごまかしたくなりますよね。でも、そ

んなときこそ設定変更するチャンス。自分と向き合うことを避けると設定を変えられず、いつまでも同じところをぐるぐると右往左往することになります。

宇宙の無限のエネルギーでもあるお金の神さまは、どんな人も助けてくれます。もし、「お金は十分ではないけれど、それなりに幸せ」といった表面的な設定なら、そのとおりの世界が現れます。自分の想いとは違う、別の願いを神さまに伝えていたりするのです。

私もそうでした。第二子を未婚のまま出産して月収10万円の生活をしていても、「がんばっているシングルマザーの自分」に満足して、幸せなつもりでした。

でも、自分の気持ちを明らかにしたとき、「本当はラクしてザクザク稼ぎたい」という想いに気づきました。現実は、**みじめで残念な自分です。泣きしたことを覚えています。理想とのあまりのギャップに大**

そんなみじめな自分を認めたからこそ、本当の想いに気づくことができました。残念な自分をとことん味わってください。その先に、本当の望みに想いをめぐらせることができます。

「自分と向き合う」には、エネルギーが必要です。見たくないことも出てくるでしょう。でも、**自分の感情を放っておくのは、自分の人生を後回しにしているのと同じこと**。自分のエネルギーをぜひ、自分が本当に望んでいる人生のために使ってほしいのです。

みじめな自分と向き合う。そこがスタートになる

損得や勝ち負けは豊かさのジャマをする

じつは、お金の神さまに可愛がられるコツがあります。まず、**「お金に関して損得勘定があるかどうか」**をチェックしましょう。

時々、「労力を使った分は、ちゃんと返ってくるよね」と言う人がいます。これは、見返りがないと損をするという感覚がある証拠。その人にとって無条件に自分の力を出すことは、大損することになります。プラマイゼロという感覚があり、どちらかが得をすればどちらかが損をすると考えてしまいます。

だからいつも「そこそこ」なのです。お金も損得に置き換えていると、チャンスがあっても、損をするなら受け取れなくなります。

「人よりいい思いがしたい」という勝ち負けの感覚も同じです。これが根っこにある限り、満足することはありませんし、望む世界

にたどり着けません。今日勝ったら、近い将来かならず負けてしまうもの。ずっと勝ち続けるのは不可能です。**「勝ち負けの世界」はもうやめて、人と比較するより「自分の今」を楽しむことをおすすめします。**

また、お金は損をしたり得をしたりするのではなく、循環させるもの。心地よいと思えるものにお金を送り出し、めぐってきた豊かさを心からありがたく享受する。そんな人にお金はスムーズに循環します。

このように豊かさを循環させるには、お金や物事に関して「損得や勝ち負け」で考えないことです。**お金は人生を豊かにしてくれるパートナー**。お金に振り回されることなく、対等なパートナーとして付き合えば、十分な額のお金がめぐってきます。お金の神さまはちゃんと見ているのです。

願いの先の願いに、本物の豊かさがある

最後に、考えてみてください。その願いを叶えたいのは何のためでしょう。たとえば私のビジョンは、「幸せな大金持ちの美女」です。私が幸せな大金持ちの美女にならないと、他人をハッピーにすることができません。女性の喜びや幸せがパートナーや子どもに循環することで、世界がハッピーな方向へ変わっていくことを伝えたいのです。

「稼ぎたい」、「自由になりたい」という願いの先に、本当は「一緒に喜び合いたい、分かち合いたい」といった想いがあるもの。自分の願いの先の、さらに大きな想い。ここに向かって、本物の豊かさを手に入れてほしいと願っています。

そして、**「設定変更」していると、「今の自分」をそのまま許し、愛せるようになります。**勝ち負けではなく、喜びと愛しかない世界を知ってほしいのです。

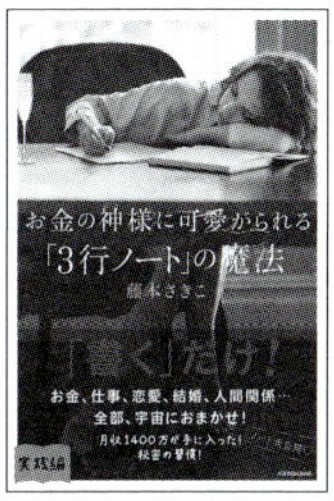

お金の神様に可愛がられる「3行ノート」の魔法

著者：藤本さきこ
出版社：KADOKAWA ／定価：1,300円（税別）
想いや感情をノートに書き始めて人生が好転した著者の実体験やノートの書き方が集約された本。本当の想いを3行書くだけで願いを現実化する「魔法のノート」のしくみが理解できる。各章にワークがあり、実際のノートの内容も公開していて、すぐ始めることができる。

ポイント

- 想いや感情を全部、ごまかさずにノートにぶつけて書きまくる
- そこから「なぜ?」「どうして?」と自分を探り、本当の想いを導き出す
- 「明らめる」「感じる」「決める」の3行にまとめて新しい設定をする

「結界」をはることで、「いいこと」だけ引き寄せる

「お金」や「望んでいること」にきてもらうには
「引き寄せる」だけではなく、「引き寄せない」ことも重要です。
望んでいることだけを引き寄せる、
「結界」のはり方をご紹介しましょう。

Ikari Noriko
碇のりこ

北海道生まれ、神奈川県在住。17歳の時にアイドルグループでデビュー。潜在意識に気づきはじめて人生が激変。2012年にスピリチュアルに活動の軸を移し、ブログを開始して5年でアクセス月110万PVの人気ブロガーとなり、スピリチュアル講座は満席に。
公式ブログ「お金と愛を手に入れる5つのリッチマインド」https://ameblo.jp/noriko-happy-life/

「お金」の引き寄せ、うまくいってますか？

「うまく引き寄せられない！」「お金で望んでいないことが起こる！」という人もいますよね。ですが、そういう人も、**本当は引き寄せ自体はうまくいっている**んですよ。

「そんなこと言ったって実際に叶《かな》っていない」と思われるかもしれません。じつは、この「叶っていない」というのが勘違いなんです。

うまくいかないとしたら、それは**「望んでいないこと」をわざわざ引き寄せてしまっている**から。「いいことだけ」を引き寄せるようにすればいいんです。そのために私がおすすめするのが**「結界《けっかい》」**を使った引き寄せメソッドです。

「結界《けっかい》」を説明する前に理解しておきたいのが、「潜在意識《せんざいいしき》」の働きです。世界には「潜在意識にあるものが現実になる」という法則があるからです。

「もっとお金がほしい」と願っても、「お金は汚いもの」「お金がたくさんあると、不幸になる」と、潜在意識で思っていると、お金は逃げてしまうようです。

そこで、潜在意識で思うことをよいものに変え、望んでいるものだけを引き寄せるために役にたつのが「結界」です。

「結界」をはることで潜在意識をクリアにし、よいものだけを引き寄せることができるんですよ。

「波動」を上げて、高い波動だけを入れる

結界と聞くと怪しい印象があるかもしれませんが、いわば、目に見えないバリアのようなもの。たとえば、**神社の鳥居も結界のひとつ**です。神さまの領域と人間の領域とを区切り、「邪気《じゃき》」、つまりネガティブなエネルギーが入れないようにする役目を果たしているのだとか。結界は「空間や領域を守る方法」として古来《こらい》より行なわれてきた智《ち》慧《けい》なのです。

結界は引き寄せたもののうち、「お金が貯まらない」「お金の失敗」「苦手な人」などネガティブなものを入れず、私たちを守ってくれます。そして、私たちが望んでいる、いいことだけを引き寄せてくれるのです。

そのために注意すべきキーワードが「**波動**」です。私たちの体、木や花、机やイスなどすべての物体は波動を発しています。この波動には「高い波動」と「低い波動」があり、まわりのエネルギーの影響を受け、高くなったり低くなったりしています。

さらに、**波動は同じ波動をもったもの同士で引き寄せ合っています**。ですから、波動が低いと低い波動のネガティブなものが入り、「望んでいない」ものを引き寄せてしまいます。そうならないためには、**波動を上げて結界をはり、高い波動だけが入ってくるようにすればいい**んです。

今まで、お金やチャンスが入ってこなかったのは、「みずから発していた低い波動」が低い波動だけを引き寄せてきたからかもしれませんよ。つねに、ポジティブでいることで波動を上げ、結界をはりましょう。すると、高い波動、金運や恋愛運など「いいことだけを引き寄せる」ことができるはずです。

お塩やお札など身近なツールを活用

でも、結界をはるための特別な道具なんてもっていないという人もいらっしゃるのでは？　じつは、結界は身近な材料、たとえば、**お塩だけでもはることができます。**

相撲《すもう》の土俵《どひょう》や神社などの場所でお清め、お祓《はら》いのために使われる塩は最も身近な結界をはるためのツールです。**お皿に粗塩を盛って、部屋の四隅や玄関に置いておく盛り塩**はご存じですよね。白い紙などを置いて、塩を盛るだけでもＯＫです。こぼれてしまいそうなら、紙に包んでおいてください。これだけでも結界をはることができますよ。

お塩は市販のものでもいいですが、神社へ行った際に売っていれば、ぜひ買って帰りましょう。その土地のいいエネルギーをお家で使うことができますよ。

私の場合、お風呂のお湯にこのお塩を入れたりもします。すると、ネガティブなものが落ち、お清め効果を実感できるのでおすすめです！

また、神社やお寺でいただく**お札やお守りも、結界をつくってくれる定番アイテム**です。お札は護符《ごふ》、霊符、魔《ま》よけといった呼ばれ方をするもので、お守りはそれを小さくしてもち歩けるようにしたものです。外出先でも安心ですね。

お守りの代わりに、**塩や香りで自分の体のまわりに結界をはる**方法もあります。塩は和紙や白い紙に包み、もち歩きましょう。好きだと思う香りをつけることでも、体のまわりに結界をはることができます。

そのほか、**お気に入りの服を着る**ことも、結界をはることになります。自分が心から好きだと感じる気持ちが波動を高めてくれます。

衣類でいえば、**赤い下着**にも効果があります。生命力を高め、地に足をつけた状態になる赤色は強い結界をつくるのです。気乗りしない相手と一緒に過ごさなきゃいけない、気難しい上司と仕事で組むことになった、グループのなかに苦手な人がいる、そんなとき、ぜひ、試してください。

「お金」と「おトイレ」――その意外な関係とは？

結界をはるだけでも効果はありますが、その内側の空間をきれいにすると、より強い結界にすることができますよ。一番お手軽なのが、**香りを使う**方法です。お部屋ならアロマオイル、職場ならハンカチなどに染みこませておきます。お気に入りの香りに包まれると、空間とともにあなたの波動も高まります。

パワーストーンも空間を浄化し、結界を強めてくれます。私のおすすめは水晶です。水晶は、優れた浄化作用により、マイナスエネルギーやこじれた気持ちを、元のクリーンな状態に戻してくれますよ。パワーストーンも盛り塩と同じように部屋の四隅に置くといい

ですね。
じつはお家のなかで、金運のエネルギーとつながってる場所があります。それはおトイレや洗面所、おフロなどの**「水まわり」**です。ごはんをつくったり、体を浄めるための場所が汚れたままになっていると、波動が低くなり、金運や健康運が下がってしまいます。
私は徹底的にきれいにし、塩を流すことで浄化し、清めるようにしています。また、光り輝くものはポジティブを引き寄せます。便器や蛇口などをピカピカに磨いておくと、金運はさらにアップします。

ワクワクときめく習慣で、波動を高める

じつはもっと簡単に波動を高める方法もあります。私が心がけているのは**身のまわりのものは、自分が本当に好きなものだけを選ぶ**という習慣です。

そうすると、ワクワクしたり、ときめいたりしませんか？　そうした気持ちは、私たちの波動を上げてくれるようです。ワクワク、ときめくものを使うたびに、心が豊かになり、「好きなものを買うことができる私」という

メッセージが潜在意識にも伝わるんです！

逆に壊れたものや使えないものは捨てたほうがいいですね。こうした品物は低い波動を引き寄せてしまいますから。

また、潜在意識に近づき、仲よくなることで結界を強めることもできるんですよ。大切なのはタイミング。

朝起きたときや夜眠りにつく前など、意識がはっきりしないぼーっとした状態のときがありますよね？　このときが潜在意識に近づきやすい時間です。

このタイミングに、ほしいものを潜在意識にオーダーすると手に入りやすくなります。つまり、朝起きてすぐ、好きなものに囲まれ、ワクワクする気持を味わうと、それが「結界」になるんです。ステキじゃないですか？

引き寄せ力を高める お財布とのつき合い方

「お金の引き寄せ」について、大切なキーワードがお財布です。**お財布はお金のお家、いわばお金の結界みたいなもの。**お財布とのつき合い方によっては、お金を引き寄せることだってできるんですよ。

心がけたいのは、財布の波動を高くすること。お財布の波動が低いと、お金が出ていき、支払いが増えてしまいます。

たとえば、**お財布がレシートや使わないポイントカードでいっぱいになって型くずれしていると波動が低くなります。**「お金が入ってこない」という波動をつくってしまっているからです。

散らかっているお家は居心地が悪く、出ていきたくなりますよね。それと同じで、お金もごちゃごちゃしたお財布には居たくないんです。

レシートは捨て、カード類は必要なものだけにしましょう。居心地のよい、波動の高いお財布になると、お金が、ほかのお金を呼んでくれるんですよ。

お財布に入れておくお金の額ですが、私は少し多いかな？　というくらいの金額を入れるようにしています。そのほうがエネルギーの循環がよくなり、財布の波動が高くなるからです。それに、お金を繰り返し見るたびに潜在意識に豊かな気持ちが届き、さらに豊かになりますからね。

また、**財布のお札の入れ方にも気をくばり**

Empower Your Life

心が豊かになれば 波動も高まる

たいですね。そのままの向きで入れると、お金の出入りがスムーズになって金運は上昇します。逆さまに入れると、お金は貯まるようです。いずれにせよ、**お札の向きが不ぞろいだと波動は下がる**ので、すべて同じ向きにそろえておくといいでしょう。

　また、私たちと同じように、お財布も働くうちにエネルギーを消耗してしまいます。夜はバッグから出して休ませてあげてはどうでしょう。

　お財布専用のお布団やベッドが市販されているのをご存じですか？　ゆっくりと休ませてあげて、エネルギーを回復させ、結界を強めるのもいいですね。

　私は、満月の夜には、お財布を月光浴《げっこうよく》をさせます。月のエネルギーは浄化力が高いので、月光浴によってもお財布の波動を上げることができますよ。

　私がお財布を選ぶとき、気をつけていることがあります。それは、自分が本当に好きなもの、ときめくものを買うことです。

　高価なブランドのお財布でも、自分が気に入らないと、あなたの波動は高くなりません。お財布はいつもあなたと一緒です。1日に何度も手にとるので、たとえば、カレシのように、ときめくかどうか、波動をつねにチェックし、好きなものを使っていたいものです。

　お財布だけではありません。私たちはほしいものがあっても、お金がないという理由で、がまんして、安くて好きじゃないものを買ってしまいがちです。それでは波動は上がりませんし、使ったお金がかわいそうではありませんか。

　お金を貯めてでも、本当に好きなものを手に入れること。そうしてうれしい気持ちになって結界を強め、たくさんのお金にきてもらいましょう！

いいことだけを引き寄せる結界のはり方

著者：碇のりこ

出版社：フォレスト出版／価格：1,400円（税別）

月間110万PVを超える人気スピリチュアルセラピストが「結界」を使って、悪いこと・人・モノを「引き寄せない力」を伝え、「いいことだけ」を引き寄せる方法を紹介する。もっているだけでも波動が上がる、かわいいイラストとキレイな装丁も人気。

ポイント

- 盛り塩やお守りはもちろんワクワクすることも結界になる
- 塩や香り、パワーストーンなどで結界の内側やまわりを浄化
- お財布とお金を丁寧に扱うとお金がお金を呼んでくれる

龍神ガガが教えてくれた正しいお金の使い方

人の願いをサポートしてくれる龍神の存在を知っていますか？
小野寺夫妻が出会った龍神ガガは、
二人に多くのことを教えてくれました。
金運をつかむための教えを、少しのぞいてみましょう。

Onodera S Kazutaka
小野寺S一貴

作家、古事記研究家。1974年、宮城県気仙沼市生まれ。山形大学大学院理工学研究科修了。仙台市在住。2016年、妻についた龍神ガガに導かれ、神社をめぐって日本文化のすばらしさを知る。著書に『妻に龍が付きまして…』がある。現在、ガガの教えを広めるべく奮闘中。
公式ブログ「龍神の胸の内」https://ameblo.jp/team-born

自分がしたことは自分に返ってくる

みなさんは龍神を知っていますか？　龍神は人間の祈りによって生み出された存在で、人間の願いをサポートしています。また、神社の神さまの使いとしても活躍しています。

僕の妻、ワカを守っている白い龍神が「ガガ」です。ガガは龍神の活動を人間に知ってもらいたいと考えているので、僕の質問に答え、いろんなことを教えてくれます。それはまるで**「龍の授業」**のようです。

そんなガガが教えてくれたことのひとつが、**「自分がしたことは自分に返ってくる」**という法則。お金にまつわることでいえば、**人のためにお金を使えば、自分のためにお金を使ってくれる人が出てくる**というわけです。逆に自分のためにしかお金を使わなければ、お金は入ってこないということになります。

「お金を人のために使わなければ、自分のためにお金を使ってくれる人など、いつまでたっても現れない」ということのようです。世のなかの法則は結構シンプルです。たとえば「私はお金がないから安いものしか買えない」といつも口にしている人には、安いものを買うお金しか入ってこないということになります。

ガガはお金の話が大好きで、仕事とお金の関係性について鋭い指摘をしてくれました。そのひとつは、喜びの大きさと喜ばせた人間

が多ければ、それだけ報酬という見返りも大きくなるというものです。

大きな会社になれば社員も多くなります。顧客だけでなく、多くの社員に給料という形でお金を使うことで、多くの社員やその家族を喜ばせています。だから大きな会社は不振になってもそう簡単につぶれないのだそうです。

また、**「金持ちは、金がないときから誰かを喜ばせるために金を使ってきた。だから金持ちになった」**と言うのです。僕もそういうお金の使い方を日頃から心がけています。

自分が抱えている欲は正直に出してもいい

僕たちは、出世の欲、お金の欲、愛情の欲など、さまざまな欲をもって生きています。欲のない人間などいないと思うし、僕自身も欲ばりです（笑）。

「そんな欲を正直に出してよいのだろうか？」とたずねたところ、ガガは「正直に出していい」と答えました。欲というものは、人間が成長するうえで必要なものだと肯定してくれたのです。

出世欲がなければ、一生懸命働く人は減るのではないでしょうか。なんといっても、お金がほしいからみんな大変なことも乗り越えてがんばっているわけですから。

そうやって人間は成長していくものです。だから**「成長するための欲」は大切だと思います。人を陥《おとしい》れよう、傷つけようという気持ちでなければ、どんな欲をもってもいいと思います。**

ガガによれば、龍神と神さまは、正しい欲をもち、自分の心に正直な人間を好むそうです。**「日本の神さまは正直者が大好き。欲を正直に言葉にするだけではなく、自分の心にも正直になることが大事だ」**と、ガガは教えてくれました。

心のなかと言動が一致すること。それが本当の正直者なのでしょう。

神さまに好かれるコツはあるのでしょうか？　ガガによれば、正直者であることに加え、**「誰かを喜ばせる人間」であることが重要なのだとか。**時間やお金を他人のために使う者が神さまに好かれるということです。

それでも、優先順位を無視してはいけません。まず大切にすべきなのは一番近くの人。僕の場合、もちろん妻のワカです。

運をよくしたいなら、まずは人づき合いから

運気は人との関わり方で上がったり下がったりします。給料を上げたいと思えば、人とつき合わざるをえません。人とちゃんとつき合わないから給料も上がらないのです。

僕は会社員時代、技術者だったから顧客とのダイレクトな接触はありませんでした。それでも、製造の人に設備を借りたり、資材調達やメーカーとのやり取りをしたりなど、人と関わらなければ仕事は進みませんでした。

たとえ人づき合いが苦手でも、仕事上のつき合いを大事にし、相手に誠実に接するよう心がけ、話をしてみましょう。職場や仲間と食事やお茶をする機会があったら、参加することをお勧めします。

そうしたことであなたの運気は上がっていきます。時間を他人のために使おうとする人は神さまからの恩恵を受けられるものですから。

仕事運も金運も、すべてのことは他人とのつき合いなくして成功しません。僕たちは知らず知らずのうちに、誰かに助けられています。その根本にあるのが人づき合いなのです。

そのいっぽうで、僕から離れていった人もいます。そういう人たちの共通点をガガは「自分をよく見せようとしていること」と教えてくれました。相手のことより自分を優先的に考えると、おのずとそこにウソや言い訳が生まれます。

そういえば、彼らは待ち合わせに遅れてきたとき、「渋滞していた」「目覚まし時計が鳴らなかった」などと言ってごまかしていました。本来なら遅れた理由を説明する前に、「遅れてごめん」と謝るべきところなのに。

そういう人は、つじつまを合わせるためにウソをつくようになります。その結果、自分の心と言動が一致しなくなります。ウソは龍神や神さまが最も嫌うことです。

ガガは**「言い訳をやめれば人に好かれる」**とも教えてくれました。これを聞いて僕はまっとうに正直に生きようと思ったものです。

お金の流れが悪いのは、ムダ遣いのせい

神社や寺社に参拝したとき、お賽銭《さいせん》の額に

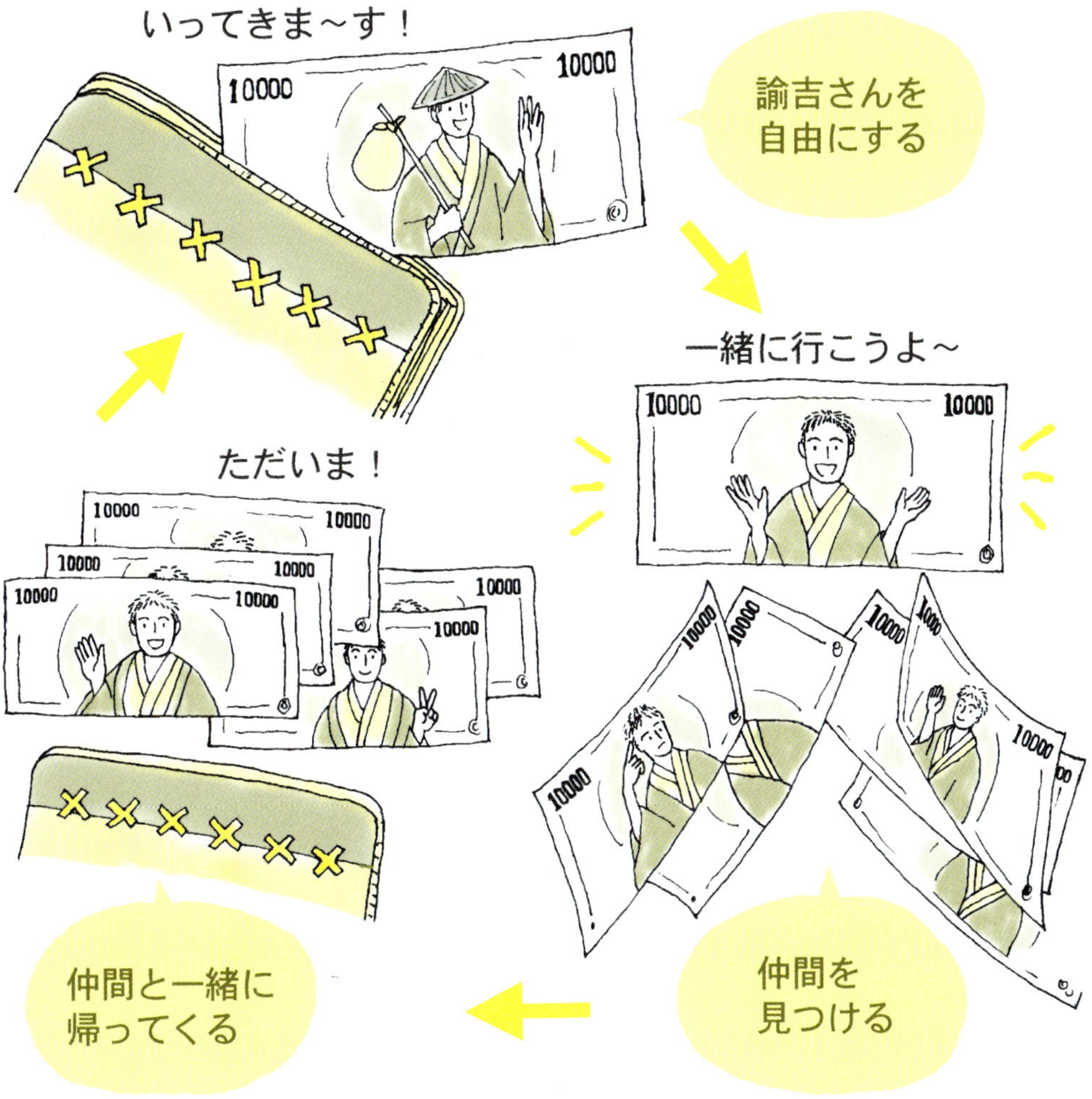

迷う方もいるようですが、神さまに気持ちが伝わる額がよいでしょう。気持ちが伝われば、神さまは喜んでくれます。

ただし、同じ額でも、人によってその重みは変わるので、いくらがベストということはいえません。

お賽銭に限った話ではありませんが、お金を出すという行為は誰かを喜ばすことにつながります。

お賽銭で神さまを喜ばせることができるように、お店で何かを買えば、お金を受け取った側は喜びます。

そうして**喜びの循環が生まれ、やがてその循環は自分のところへ戻ってきます**。これがお金の流れです。

ところが、世のなかにはお金が循環してこない人もいます。その人の「ムダ遣い」のせいで、お金の流れが止まっているからです。

ムダ遣いといっても、日常生活であまり使わないものや、身の丈に合わない高額なものを買うことではありません。ガガは「ムダ遣いの意味を履き違えてはいけない。お金を払うときの否定的な気持ちがムダ遣いなのだ」と教えてくれました。

ガガが言うムダ遣いとは、お金を支払うときの「払いたくない」「高い」「もったいない」といった感情のことだったのです。

「金からすれば、受け取る側だけでなく支払う側にも喜んでほしいのだ。金は生きものだから、金を気持ちよく出せるヤツは金に好かれて金まわりもよくなる」ということなのだとか。

諭吉さんを自由にしてあげたら金運が上昇

ガガが言うには、お金にも感情があるのだとか。そして、感情があるから、使い方によってはその人のところへ戻ってくることがあるそうなのです。

ガガはこう言いました。**「金は気持ちよく使われたい。それが人のために使う金なら、なおさらだ。金は自分の存在が多くの人の喜びになるとわかっている。だから、そんな使い方をしてくれる人のもとにかならず戻ってくるものだ」**と。

人間は祈りによって龍神や神さまを生み出したそうです。それなら、身のまわりで人間の思いが最も集中する存在であるお金に、気持ちが宿《やど》っていても不思議ではありません。

納得した僕は、あるときから、お金に話しかけるようになりました。すると僕の金運は確実に上がっていったのです。

きっかけは、ずっと大事にしまっておいた1万円札（諭吉《ゆきち》さん）が、ある日なんだか悲しそうに見えたことでした。その諭吉さんはヘソクリとして、長年サイフの定位置に居座り続けており、一見、大切にされているようでしたが、出入りが激しいほかのお金たちを、いつもうらやましそうに見ていたような気がしたのです。

そこであるとき、「諭吉さん、働きに出てくれ」と声をかけ、豪華な夕食と引き換えに自由にしてあげたのです。とても幸せな食事ができたので、諭吉さんに感謝しました。

すると不思議なことが起こりました。それから間もなく金運が上がってきたのです。

この話を聞いたガガは、**「金のもつ感情は単純。金は自分の価値を認め、気持ちよく使う人間を好む」**と説明してくれました。

ガガによれば、僕はずっと働けなかった諭吉さんを、本来の仕事に気持ちよく戻してやったのだというのです。

Empower Your Life

神さまは正直者が好き
欲にも人にも正直に

旅先で出会った仲間を連れてくる諭吉さん

僕の金運が上がった理由を、ガガは次のように表現しました。「諭吉さんは張り切って働き、気持ちよく仕事をさせてくれたおまえのもとにまた帰りたくなったのだ。そして、旅先で出会った仲間を連れて戻ってきた」

お金が仲間のお金を連れて戻ってきた……。これは真理だと思います。

金払いのいい人を見ると、世間では「あの人はお金持ちだから」とか、「お金があるからできるんだ」などと言いますが、じつは違っていました。お金を人のために使う喜びを知っていただけだったんです。そして結果、お金にも好かれた。

ガガが教えてくれたように、**お金を気持ちよく送り出せば、やがてお金が仲間を連れて戻ってきてくれるのです。**その際のポイントは、**「もったいない」という感情を抱かないこと**でしょう。

ガガによれば、お金持ちの家に生まれた人が一生お金持ちでいられる確率は半分にも満たないそうです。反対に、現在お金持ちといわれている人が、生まれたときからお金持ちだった割合も半分以下です。

お金にどれだけ好かれるかは後天的なもの。だから、お金に好かれる生き方は、これから誰にでもできるのではないでしょうか。

この考えからすれば、お賽銭を気持ちよく出すことは、お金が循環して自分のところへ戻ってくる、そのスタート時点。だから大事な行為であることがよくわかります。

たとえば、**ちょっと大きな額を気持ちよく出せるようになれば、金運はおのずと上がっていく**のではないでしょうか。

日本一役に立つ! 龍の授業

著者 : 小野寺S一貴

出版社 : 東邦出版/定価 :1,389円(税別)

神龍ガガと出会い、その教えを実践したことで人生が好転した著者夫婦の実話を「龍の授業」に見立てて記した一冊。著者の質問に歯に衣着せぬ口調で答える龍神ガガのメッセージには、神さまに好かれる方法や人間関係を改善する方法、金運や仕事運が上がる法則がつまっている。

ポイント

- 欲は人間の成長に必要なもの　正直に出してもいい
- 他人のためにお金を使える人は、神さまに好かれ、恩恵を受ける
- お金は仲間のお金を連れて戻ってくるので、気持ちよく使おう

貧乏神を追い払って、座敷わらしを呼ぶ部屋づくり

お金が貯まらないと感じているとき、
「貧乏神」が家に住み着いているのかもしれません。
ポイントを押さえて片づけをすると貧乏神を追い払い、
幸せと金運を呼び込む「座敷わらし」を呼ぶことができます。

視覚と嗅覚からつくる金運の上がる部屋

僕は空間カウンセラーをしているなかでさまざまな部屋を見てきましたが、お金が貯まらない人ほど片づけがうまくいかず悩んでいるというケースが多くありました。じつは**散らかっている部屋には、不幸を引き寄せる「貧乏神《びんぼうがみ》」が住み着いているの**です。

いっぽうで、**整頓され清潔に保たれている部屋には「座敷《ざしき》わらし」が住み着いて、住む人に幸せと金運をもたらしてくれます。**もしあなたが、幸せになりたい、金運がほしいと思っているのなら、部屋から変えてみませんか？

まずは、貧乏神を追い払うためのポイントをお教えします。それは「視覚」と「嗅覚」です。人間はこのふたつから得られる情報を優先的に認識してしまうので、家のなかが散らかっているのを見ていやな感じがすると、脳が不幸な状態だと認識してしまいます。カビやホコリでいやな臭いがしても同じです。

こういった認識は貧乏神を引き寄せて、金運を低下させてしまいます。ですから、まずは視覚的に不幸な感じがすると思う場所を、幸せなイメージができるように片づけてみてください。そのとき、好きな香りのアロマを使って嗅覚からアプローチしていくと、脳が「いい香りがするのに散らかっているのはおかしい！」と感じて片づけのモチベーションを高めてくれますよ。

不幸を引き寄せるビンボー思考

僕は、**片づけられずお金も貯まらない状態になるのは、「ビンボー思考」が大きな要因**だと考えています。これは心と現実に矛盾があるときにおちいりがちな思考です。

たとえば、部屋を変えたいと思っているのにうまくいかないときも、心では「きれいにしたいと思っている」はずです。心と現実に矛盾が生じてしまうのです。こういう状態が続くと、つねにストレスを受けて心が休まりません。すると、しだいに視野が狭まり、自分の得ばかりに意識が向いてしまうのです。

ビンボー思考におちいってしまっている人は、一攫千金《いっかくせんきん》を狙って、ＡＴＭの手数料のような小さな損失を見逃したりしがちです。このように日常的にお金を逃してばかりいる

Itou Yuuji

伊藤勇司

「片づけ心理の専門家」空間心理カウンセラー。引っ越し業で働きながら心理学を学ぶなかで「部屋と心の相関性」に着目し、現場で見た1000軒以上の家とそこに住む人との関わりから「空間心理」を元に独自の理論を確立。片づけの悩みを心理的な側面から解決している。
公式ブログ「片づけ心理研究家 伊藤勇司オフィシャルブログ」https://ameblo.jp/heya-kokoro/

と、うまく貧乏神を追い払えても、お金を貯めることは難しいはずです。ですから、部屋を片づけて貧乏神を追い出すのと同時に、ビンボー思考も「座敷わらし思考」に変えていくことが大切です。

幸せを呼び寄せる座敷わらし思考

座敷わらし思考はビンボー思考の逆で、**心と現実の状態が一致することで生まれます。**ですから、どうしても片づけが進まないときはムリせず、いったん散らかしたままにしてみてください。「今は片づけない」と決めてしまいましょう。散らかしてもいい場所をつくるのも効果的です。

自分の意思で決めたことだと思えば「私の意識次第で、いつでも片づけはできるんだ」と前向きにとらえることができます。それに、散らかしてもいいと思ったら、むしろ行動が加速したなんて人もたくさんいますよ。

心と現実を一致させることができたら、次は「相手が得すること」を意識して行動してみてください。まずは相手が少しでも得したと感じてくれることから始めてみましょう。

疲れているときにねぎらいの言葉をかけるなど、簡単なことでかまいません。

幸せは人を得させただけ自分に返ってくるものです。相手の得を考えて行動すると、お金も幸せもどんどん舞い込んでくるようになるのです。

玄関・床・窓を整えて、幸せに向かっていく

座敷わらしを呼び寄せる部屋というのは、幸せとお金を引き寄せ、同時に心地よく感じる、あなたにとっての「理想の部屋」のことです。座敷わらしは愛されている部屋が好きなので、片づけをするときには自分が好きになれる空間を目指してみてください。

とはいえ、急に理想を現実にするのは難しいですし、そこに矛盾《むじゅん》を感じてもストレスがたまってしまいます。ですから、まずは座敷わらしを呼び寄せる三つのポイントを整えてみてください。

まずは**「玄関」を整えましょう。ここは外出や帰宅の際にかならず通る場所ですから、快適にすることでよりよいイメージで出発ができ、帰ってきたときにも気分をすぐリセッ**

トすることができます。ですので基本的に玄関にはあまりものを置かず、靴はできるだけ靴箱にしまうようにしてください。難しければ靴の向きをそろえるだけでもいいです。それだけでスッキリするものですよ。

次に**「床」の面積を広げていきましょう**。**「床面積の広さが、収入に比例する」という言葉があるように、家の床にゆとりがあり、美しく保っている人ほど経済的に豊かであるケースが多い**のです。それに床面積を広げて床を美しく保っていくと、それだけで安心感が得られて、片づけられないストレスを和らげることができます。

床にものが多いと感じる方は、試しにものを寄せるだけでもよいのでスペースを広げてみてください。床は家の基盤なので状態が整っていることが家やその空間全体の空気感に大きく影響していきます。ですから、できるだけ床にはものを置かずに、ゆとりある空間をつくってください。

そして、部屋にたくさん光を入れるために、**「窓」を美しく磨きましょう。陽の光は生命を活性化させるのに重要なもので、人の心理にも大きな影響をおよぼしています。**

たとえば、窓の手入れがされておらず外が見えないほどくもっていたり、結露でカビが生えたままになったりしている部屋に住む人は、気が滅入りやすい傾向があります。ですから、気持ちが停滞しているときほど窓拭きを行ないましょう。雑巾でくもりを払うだけでもいいですし、丸めて湿らせた新聞紙を活用するのも効果的です。

玄関、床、窓が心地いい状態に保たれていれば、心が安定してストレスが減っていくはずです。そして座敷わらしもあなたの家を気に入って、姿を現しはじめるでしょう、そうすれば幸せも金運も、いい方向に向かっていくようになりますよ。

片づけで金運＆幸運をつかむ！
座敷わらしに好かれる部屋、貧乏神が取りつく部屋

著者：伊藤勇司
出版社：WAVE 出版
定価：1,400 円（税別）
空間心理カウンセラーで片づけ心理研究家の著者が、心理学的視点から、お金が貯まる部屋について、具体的な片づけの実践方法とともに解説している。日常の行動や思考を見つめ直すことで、不幸になってしまう「ビンボー思考」を、幸せ一直線の「座敷わらし思考」に変えることができる。

ポイント

- **貧乏神を追い払うには いやな感じのところを片づける**
- **心と現実に矛盾をなくして 「座敷わらし」思考になる**
- **座敷わらしを呼び込むポイントは 「玄関」「床」「窓」**

※お金の引き寄せ情報交換ミーティング③

金運を引き寄せるために大切なことは？

A華　今回の本のなかで、続けられそうと思った引き寄せはありますか。

B美　私は、かずみんさんの「妄想の引き寄せ」ですね。これまで、「イメージしなきゃ」と思ってもなかなかできなかったけど、妄想だったらできるかなって気がしました。「ハワイに行ったら……」「月に1回は高級料理を食べて……」とか、楽しんでいればいいからね。

A華　私は、ボルサリーノ関好江さんの「開運飯」です。家族につくっている料理に、少し意識すればいいだけだし、何より簡単レシピで手に入れやすい食材ばかりだし。これなら毎日できそう。

C葉　続けやすいって大事ですよね。私もいろいろ試したけど、続いているのは片づけくらい。でも、田宮陽子先生の「開運言葉」は、意識しようと思いました。これは、お金持ちの人が使う言葉を真似するというもの。お金持ちの友人も、グチは言わないんですよね。

B美　そうだね。言葉って、すごくパワーがあるもんねー。

A華　私が住みたいところへ引っ越せたのも、私が言っていたからなの？

B美　そうだよ。「海外旅行に行く」って言ったら、一緒に行くという人が現れたり、ぴったりなツアーが見つかったり。

A華　そういうものなんです？

C葉　そういうものなの。お願いしたら、宇宙と神様を信じて任せる。それでオッケー。もちろん行動も必要だけれど、ヒョイっと結果が現れるものなんです。

A華　そこはまた、フツフツと「本当に？」って思いが出てきちゃう。

C葉　まさよ先生の『あなたの中の神さまが輝き出す！　エネルギーの魔法』を読んで思い出したのが、密教です。宇宙も含めて、すべてはエネルギーでできていて、よいも悪いもないという密教と似ているなぁと。引き寄せの法則全般にいえるけど、表現が違うだけで古くから続いていることなんです。やっぱり、これは真理なんだと改めて感じました。

A華　そういうものなんだって思うこ

参加者

A華

引き寄せ初心者。気遣い上手で社交的。自分の意見は主張しない、ことなかれ主義なタイプ。

B美

引き寄せ歴2年。おおざっぱで、面倒くさがり屋。ここぞというときは行動する、ちゃっかり者タイプ。

C葉

引き寄せ歴8年。物事を冷静にとらえて行動するタイプ。面倒見もよくてまじめで、穏やかな人柄。

とが大切なのかもしれませんね。

B美　今は生活スタイルが変わったけど、昔は仏壇や神棚が自宅にあって、神様はもっと身近な存在だったよね。毎日手を合わせて、祈りや感謝を捧げて心を穏やかにする時間があった。

A華　自宅に仏壇や神棚があれば、自然に感謝できそうですね。それが宇宙への窓口、幸せへの入り口だったりして。神様の前では、心安らかになれますし。

B美　だから、羽賀ヒカル先生を参考にして、もっと神社仏閣へ参拝するといいのかも。近所でも、通勤途中の神社でもどこでもいいから参拝すると、感謝することが習慣にできそうですよね。

A華　それと私、週に1回くらいのペースで日記を書いているんです。だから、藤本先生の「3行ノート」にも挑戦してみたい。イラっとかムカっとしたことを殴り書きしている間に、本当の自分の思いが見つかるような気がします。でも、“毎日書かなきゃ”って思うと、一気に気が重くなっちゃいますけど。

B美　いいの、いいの。宇宙は気分を受け取るから、気軽に楽しむほうが大事！　私は、中井耀香先生の「すごい金運財布の作り方」を試してみたいな。財布を大切にして「見える化」することで、引き寄せを毎日意識できる気がしました。

C葉　いろいろと試すことで、自分にあった引き寄せが見つかるのかも。そして、それがいつの間にか習慣になって、続けられるといいですね。

A華　今回の座談会では、お金について考えさせられました。

C葉　お金は好き出し、ブロックはないと思っていたけど、「6億円は受け取れない」って思う自分に気づいたことが大きいですね。当たり前のように、「今より少しよくなれば」と思っている人は多いんじゃないかな。

B美　それも、ちゃんとお金について話したから気づいたこと。SNSでもいいから、もっとお金の話を気軽にできる機会をもつことが大事かも。それがあれば、引き寄せがより効果的になるし、続けられるようになるかもしれませんね。

編集・構成・DTP クリエイティブ・スイート
執筆 古田由美子／倉田 楽／さくたろう／川瀬ゆう／鎌田よしみ／桐野えい（c-s）／南木あかね（c-s）
イラスト すぎやまえみこ／杉本安希／おちまきこ
本文デザイン 小河原德（c-s）
装丁 村口敬太（STUDIO DUNK）
装画 KINUE

なぜか金運を呼び込む人の「すごい！ お金の法則」

2018年7月23日 第1版第1刷発行

編　　者　ＰＨＰ研究所
発 行 者　後藤淳一
発 行 所　株式会社ＰＨＰ研究所
東京本部　〒135-8137　江東区豊洲5-6-52
ＣＶＳ制作部　☎03-3520-9658（編集）
普及部　☎03-3520-9630（販売）
京都本部　〒601-8411　京都市南区西九条北ノ内町11
PHP INTERFACE　https://www.php.co.jp/
印 刷 所　共同印刷株式会社
製 本 所　東京美術紙工協業組合

ISBN978-4-569-84099-4